Michael Albus

Stundenbuch der Wüste

Michael Albus

Stundenbuch der Wüste

Mit Fotos von
Torsten Andreas Hoffmann

Kreuz

Inhalt

Einführung

Stundenbücher haben eine lange Tradition. Sie entstanden am Ende des 13. Jahrhunderts unter dem Einfluss der Bettelorden und waren im späten Mittelalter weit verbreitet. Im Unterschied zum Brevier der Kleriker, der Priester und Mönche, waren Stundenbücher Gebetbücher für die private Andacht der Laien. In Frankreich gab es sie im 15. Jahrhundert in großer Zahl, vor allem bei wohlhabenden Leuten. Die reich dekorierten Bücher waren dort aber weniger im Gebrauch, sie wurden im Bürgertum beinahe zu einem Statussymbol und waren ein Indiz für die Stellung des Besitzers in der Gesellschaft.

Zahlreiche Malerwerkstätten in Frankreich, Flandern, England, den Niederlanden, in Italien und Deutschland waren spezialisiert auf das Schreiben und Malen von Stundenbüchern. Am Ende des 15. Jahrhunderts begann das von Hand gemalte Stundenbuch das geschriebene zu verdrängen. Die gedruckten Bücher waren sehr viel billiger.

Auch heute in unserer schnelllebigen und hektischen Zeit kann ein Stundenbuch, im Anschluss an die alte Tradition, wieder Wert und Sinn für den erhalten, der sich nach Zeiten der Stille, der Langsamkeit und des Nachdenkens sehnt. In Stunden der Beschaulichkeit und der inneren und äußeren Ruhe kann man wieder Kraft schöpfen und Atem holen und so besser den Belastungen des Alltags standhalten.

Beim Betrachten der Bilder und beim Lesen der Texte entstehen in einem selbst neue Bilder und neue Gedanken, die eigene Phantasie findet reiche Nahrung. So kann ein Stundenbuch zu einer Oase werden in der Wüste der eilenden Zeit.

Zu den großen Urbildern des Lebens auf unserer Erde zählt die Wüste. Zu allen Zeiten hat sie die Menschen in ihren Bann gezogen.

Die Wüste ist ein zweischneidiges Symbol, sie hat einen positiven und einen negativen Charakter. Manchmal erscheinen die Aspekte auch in-

einander verschränkt. Die Wüste kann ein Ort des Todes, der Verirrung und der absoluten Einsamkeit sein. Und gleichzeitig ist sie ein Ort, an dem sich die Erfahrung dessen, was uns Menschen endlich und unendlich übersteigt, was uns manchmal überwältigt, besonders intensiv offenbart.

Die Wüste ist ein Ort des Friedens und ein Ort des Kampfes, des Krieges der Menschen mit den bösen Geistern, den Dämonen. Sie tragen heute andere Gesichter als früher. Aber es gibt sie noch in großer Zahl.

Die Wüste ist der Ort der Dürre und des Sandes. Aber sie ist auch voller Zauber und Schönheit, wenn sie erblüht.

Die Wüste ist auch ein Ort der Erfahrung der Grenzenlosigkeit und Freiheit und gleichzeitig ein Ort, an dem Unfreiheit und Grenze geradezu absolut erfahren werden können.

In der Wüste wird das Leben des Menschen auf seine ursprünglichen Bedürfnisse zurückgeführt: Hunger und Durst beherrschen ihn.

Der moderne Mensch hat sich seine eigenen Wüsten gebaut, deren Schrecken und ursprüngliche Gewalt den großen Sandwüsten und den Meeren in nichts nachstehen. Die großen Städte, Wüsten aus Beton, Stahl und Stein, machen den Menschen ebenso einsam und verängstigt, ebenso ohnmächtig und verlassen wie die großen Wüsten der Natur. Die natürlichen und die gebauten Wüsten verweisen den Menschen auf die Wüste, die er in sich selber trägt, die sich in ihm ausbreitet, die in ihm wächst.

Wüsten in uns, das sind die Durststrecken unseres Lebens, die langen Zeiten der Trockenheit, in denen alles erstorben zu sein scheint. Wüsten sind auch die Erfahrungen schmerzlicher Abschiede, das langsame Sterben und der plötzlich hereinbrechende Tod, der wie ein Dieb in der Nacht kommt und seine Beute mit sich nimmt. Wüsten sind auch die Erfahrungen eruptiv ausbrechender Gewalt und sinnloser Zerstörung.

Unsere Zeit, unsere Jahre sind voll von solchen Wüsten. Denken wir nur an die beiden großen Weltkriege, auch an die vielen kleinen, die bis zur Stunde anhalten und aufflammen, oder an die Konzentrationslager und psychiatrischen Kliniken. In solchen Wüsten haben Millionen von Menschen in unserer Zeit die Menschenverlassenheit und die Gottesferne bis zur bitteren Neige erfahren müssen.

Aber auch an diesen finstersten Orten, die Menschen je geschaffen haben, haben Menschen ihren unendlichen Hunger und Durst, ihre unendliche Sehnsucht nach Nähe und Geborgenheit zum Ausdruck gebracht. Nach Auschwitz kann man nicht mehr beten, sagen viele. Andere sagen, dass man nach Auschwitz dennoch beten kann, weil selbst und gerade in der Wüste von Auschwitz gebetet wurde. Es ist ein grausames und verrücktes Paradox, dass an diesen Orten der größten Gottesferne auch gleichzeitig die größte Sehnsucht und das größte Verlangen nach Gottesnähe aufgebrochen sind.

Nach den Erfahrungen solcher Wüsten hat der Schriftsteller Rudolf Otto Wiemer seinen »Entwurf für ein Osterlied« geschrieben:

Die Erde ist schön, und es lebt sich
leicht im Tal der Hoffnung.
Gebete werden erhört. Gott wohnt
nah hinterm Zaun.

Die Zeitung weiß keine Zeile vom
Turmbau. Das Messer
findet den Mörder nicht. Er
lacht mit Abel.

Das Gras ist unverwelklicher
grün als der Lorbeer. Im
Rohr der Rakete
nisten die Tauben.

Nicht irr surrt die Fliege an
tödlicher Scheibe. Alle
Wege sind offen. Im Atlas
fehlen die Grenzen.

Der Zorn brennt langsam. Die
Hand des Armen ist nie ohne
Brot. Geschosse werden im Flug
gestoppt.

Das Wort ist verstehbar. Wer
Ja sagt, meint Ja, und
Ich liebe bedeutet: jetzt und
für ewig.

Der Engel steht abends am Tor. Er
hat gebräuchliche Namen und
sagt, wenn ich sterbe:
Steh auf.

Wüsten sind Orte ursprünglicher religiöser Erfahrungen. Alle großen Religionen haben ihren Ursprung in den Wüsten der Welt.

In der Geschichte Israels spielt die Wüstenerfahrung eine zentrale Rolle. Vierzig Jahre sind die Söhne und Töchter Israels durch die Wüste gezogen, bis sie schließlich das Gelobte Land erreicht haben. In den Erfahrungen dieser vierzig Jahre werden alle wichtigen Themen angeschlagen: die Gotteserfahrung, die Gottverlassenheit, der erschöpfende Kampf, der Durst nach lebendigem Wasser, der Hunger nach dem Brot des Lebens, der brennende Dornbusch, die Feuersäule in der Nacht, das Wasser aus dem Felsen sind Urbilder, die bis zum heutigen Tag von ihrer Verweiskraft nichts verloren haben. Der Prophet Jesaja sagt:

»Die Elenden und Armen suchen Wasser, aber es ist keines da; ihre Zunge ist vor Durst vertrocknet. Doch ich, Jahwe, ich erhöre sie; ich, der Gott Israels, ich verlasse sie nicht. Auf kahlen Hügeln lasse ich die Ströme hervorbrechen und Quellen mitten in den Tälern; die Wüste mache ich zu Wasserteichen, und zu Wasserquellen dürres Land. Ich lasse in der Wüste Zedern wachsen, Akazien, Myrten und Ölbäume; ich will Zypressen in der Steppe pflanzen, Buchsbaum und Kiefern zumal« (Jesaja 41, 17-19).

Unsere heutige Welt ist wieder dabei, sich neue Wüsten zu schaffen. Wüsten, die auf den ersten Blick das Gesicht des Fortschritts, der puren Selbstverwirklichung und der Bewusstseinserweiterung tragen, die den Menschen aber in tiefe Einsamkeit und Verzweiflung geraten lassen. In solchen Wüsten gilt es heute, Oasen zu schaffen, damit Menschen überleben und schließlich leben können.

Die Bilder und Texte dieses Stundenbuchs versuchen die vielfältigen Aspekte der Wüste einzufangen, in den Blick zu bringen. Es sind Bilder und Texte von zeitloser Tiefe und Schönheit. Sie können zu Brunnen in der Wüste werden, wenn man in sie hinabsteigt.

Am Rande der Sahara. Nach der ersten Stunde in der Wüste versuche ich alles aufzuschreiben, was ich wahrnehme. Wenn man in der Wüste wandert, muß man den Blick ständig auf den Boden richten, um die Richtung jeden Schrittes genau festzustellen. So hat man stets die Unendlichkeit des Sandes vor Augen, ihre absolute Monotonie, was aber nichts mit Gleichförmigkeit zu tun hat. Im Gegenteil, es ist eine Monotonie, welche aus unerschöpflichen Spielarten verschiedenster Formen besteht.

Um den Sand der Wüste zu beschreiben, kann man sich keiner Vergleichsbilder bedienen. Denn man ist in einem abstrakten Universum, das keine Beziehung mit einem andern Universum hat. Für die meisten übrigen Formen der Natur, wie etwa für die Bäume und für die Berge, kann man vergleichbare Bilder finden, aber nicht für die Formen, welche durch den Sand entstehen.

Italo Calvino

Einsamkeit

Der Mensch braucht die Einsamkeit eigentlich nicht zu suchen. Er hat sie. Er ist sie. Als Individuum, als unteilbares Wesen ist er durch die Weise seines Da-Seins, seines In-der-Welt-Seins ein Einsamer. Gerade im Versuch, diesen mit seiner Existenz gegebenen Stand zu durchbrechen, erweist er sich als der Einsame schlechthin. In diesem Versuch erfährt er die Unmöglichkeit, sich jemals ganz einem anderen mitteilen zu können. Immer bleibt ein Rest von Einsamkeit. Der Mensch ist und bleibt allein.

Auch wenn Menschen sich zusammentun in Freundschaft und Liebe, als Paare und Gruppen, erfahren sie die Einsamkeit. Sie spüren sie noch einmal auf einer anderen Ebene. Einsam sind die Liebenden in ihrer Zweisamkeit. Sie haben eine Sprache, die im Tiefsten nur sie verstehen. Sie haben ihren Code, den kein anderer entziffern kann. Sie haben ihr Geheimnis.

Auch Gruppen haben ihre Sprachen. Mit ihnen verständigen sie sich untereinander, grenzen andere Gruppen aus, machen sich und die anderen dadurch zu Einsamen.

Aber nicht nur der Mensch ist einsam.

Die Welt, die Natur, in der er lebt, ist einsam. Der Mensch ist ein Einsamer in einer einsamen Welt.

Einsam sind die Wälder und Ebenen.

Einsam sind die Tiere, die in ihnen leben.

Einsam sind die Blumen, die dort blühen.

Einsam sind die Flüsse.

Einsam sind die Berge und Felsen.

Einsam sind die Wolken.

Einsam der Tag. Einsam die Nacht.

Alles, was lebt, sich bewegt und webt, ist einsam.

Alle Einsamkeit des Lebens gipfelt schließlich in der Einsamkeit des Sterbens und in der nie gekannten Einsamkeit des Todes. Keiner weiß, welche Einsamkeit dahinter, jenseits auf ihn wartet.

Die überall und jederzeit anwesende Einsamkeit ist aber nicht nur eine Last. Sie ist auch eine Lust.

Wir suchen die Einsamkeit. Wir möchten allein sein. Wir wollen individuell, ungeteilt und unteilbar sein. Erst in der gesuchten, zuweilen auch erzwungenen Einsamkeit kommt der Mensch wieder zu sich, spürt sich selbst wieder, so oder so, ahnt, wer er ist.

Einsam sind wir jedoch nicht nur vor uns selber. Einsam sind wir nicht nur vor dem anderen. Gemeinsam sind wir einsam vor dem unsagbaren Geheimnis unseres Lebens. Vor der Frage nach dem Woher, Wozu und Wohin. Vor der Frage, was »das Ganze« soll.

Einsam ist der Mensch auch in seiner Religion. Religion ist das, was ich aus meiner Einsamkeit mache, auch was wir aus unserer Einsamkeit machen.

Es gibt Orte auf der Welt, die Einsamkeit pur sind. Die Wüste ist ein solcher Ort. Geliebt und gefürchtet, seit es sie gibt. In allen Formen, Arten und Weisen, in denen es sie gibt. Dort verliert sich unsere Spur im Sand. Der Wind löscht sie aus, kaum dass wir sie hinterlassen haben.

In der Wüste spüren wir den Durst, den wir nie löschen können, die Sehnsucht nach der Oase, in der am Ende wieder nichts ist als Einsamkeit.

Es erhob sich ein Sandsturm, der uns Überreste einer fernen Oase zuführte, und unser Lager war voller Vögel. Unter jedem Zelt steckten einige von ihnen, und sie teilten unser Leben. Sie waren nicht scheu und ließen sich gerne auf unseren Schultern nieder. Da es aber an Nahrung mangelte, starben Tag für Tag Tausende von ihnen und waren bald vertrocknet wie die geborstenen Rinden dürren Holzes. Sie verpesteten die Luft, und ich ließ sie einsammeln. Wir füllten damit große Körbe. Und schütteten diesen Staub ins Meer.

Als wir erstmals den Durst kennenlernten, sahen wir zur Stunde der Mittagsglut, wie sich eine Fata Morgana aufbaute. Mit reinen Linien spiegelte sich die geometrische Stadt in den ruhigen Wassern. Und einer der Unsrigen wurde wahnsinnig, stieß einen Schrei aus und begann in Richtung auf die Stadt zu laufen. Wie der Schrei der fortziehenden Wildente bei allen Enten einen Widerhall weckt, so schien mir, daß der Schrei dieses Mannes die anderen aufgestört hatte. Sie waren bereit, dem Verzückten zu folgen und der Fata Morgana und dem Nichts entgegenzuwanken. Ein gut gezielter Büchsenschuß streckte ihn nieder. Und er war nichts mehr als ein Leichnam, so daß sich zuletzt alles wieder beruhigte. Einer meiner Soldaten weinte.

Was hast du? fragte ich ihn.

Ich dachte, daß er den Toten beweinte.

Er aber hatte vor seinen Füßen eine jener geborstenen Rinden entdeckt und weinte über einen Himmel, der seiner Vögel beraubt war.

Wenn der Himmel seinen Flaum verliert, sagte er, ist das Leben der Menschen bedroht.

Wir zogen den Arbeiter aus dem Brunnenschacht wieder herauf; er wurde ohnmächtig, hatte uns aber noch bedeuten können, daß der Brunnen trocken war. Denn es gibt unterirdische Gezeiten des Süßwassers. Und mitunter strömt das Wasser jahrelang den Brunnen im Norden zu. So werden sie von neuem zu Quellen für das Blut. Doch dieser Brunnen hier hielt uns fest wie ein Nagel, der einen Flügel durchbohrt.

Wir gedachten alle der großen Körbe, die mit Rinden von dürrem Holze gefüllt waren.

Aber am Abend des folgenden Tages erreichten wir den Brunnen von El Bahr.

Und nach Einbruch der Dunkelheit rief ich die Führer zu mir:

Ihr habt uns über den Zustand der Brunnen getäuscht. El Bahr ist leer. Was soll ich jetzt mit euch machen?

Wunderbar leuchteten die Sterne in dieser Nacht, die zugleich bitter und herrlich war. Wir besaßen Diamanten als Nahrung.

Was soll ich mit euch machen? hatte ich zu den Führern gesagt.

Doch eitel ist die Gerechtigkeit der Menschen. Waren wir nicht alle in Dornen verwandelt?

Die Sonne tauchte auf, und sie war durch den sandigen Dunst zugeschnitten wie ein Dreieck. Sie war wie ein Stichel für unsere Haut. Einige Männer sanken um, vom Hirnschlag getroffen. Viele zeigten Anzeichen des Wahnsinns. Aber es gab keine Fata Morgana mehr, die sie mit den klaren Konturen ihrer Städte verlockt hätte. Es gab weder Fata Morgana noch einen klaren Horizont noch beständige Linien. Der Sand umhüllte uns mit dem flackernden Licht eines Ziegelofens.

Als ich den Kopf hob, sah ich durch den kreisenden Nebel hindurch die blasse Glut, die den Brand nährte.

Das Eisen Gottes, dachte ich, das uns zeichnet wie Vieh.

Was hast du? fragte ich einen Mann, der taumelte.

Ich bin blind.

Ich ließ von drei Kamelen zweien den Bauch aufschlitzen, und wir tranken die Wasser der Eingeweide. Die überlebenden Tiere beluden wir mit sämtlichen leeren Schläuchen, und während ich diese Karawane beaufsichtigte, sandte ich Soldaten zum Brunnen von El Ksur, den man für zweifelhaft hielt.

Wenn El Ksur versiegt ist, sagte ich ihnen, werdet ihr dort unten geradesogut sterben wie hier.

Doch sie kamen zurück nach zwei Tagen, die ohne besondere Vorfälle vergangen waren, mich aber ein Drittel meiner Leute gekostet hatten.

Der Brunnen von El Ksur, erklärten sie, ist ein Fenster ins Leben.

Wir tranken und erreichten El Ksur, um dort abermals zu trinken und unsere Wasservorräte zu erneuern.

Antoine de Saint-Exupéry

Wir sind in Bulak oder wie es heißt, die jungen Leute in ihrem Drang, ein reines Englisch zu sprechen, formen gelegentlich auch die Laute ägyptischer Wörter um. Endlich eine richtige Oase! Was wir in El Charga erwartet und nicht gefunden haben, sehen wir nun. Aber ehe wir in den Palmenhain eintreten, machen wir unsere Reverenz vor dem Bohrturm, der auf dem Deck einer Diesellokomobile aufgebaut ist. Die Maschine, die das Bohrgestänge bewegt, lärmt und stinkt, die Spülpumpe wirft schmutziges Wasser heraus. Auf einem Brett liegen nebeneinander krümelige Häufchen, Gesteinsproben, die von den Studenten genau betrachtet werden. Der Ingenieur der Bohrstation hält mich für einen Sachverständigen. Ich bringe es nicht übers Herz, ihm mitzuteilen, daß ich von seinem Werk nur den Gestank und den Lärm wahrnehme. Ich habe mir seine Züge eingeprägt, ein Gesicht wie aus Sandstein, die Wüste saß ihm in den Augen, es waren Mönchsaugen, ich sah es: durch Konzentration verengt und vom Ziel, das sie nie aus dem Blick ließen, leuchtend gemacht. Einmal im Monat drei Tage bei Frau und Kindern, in Kairo. Die übrige Zeit Barackendasein, Konserven, Karbidlicht! Keine Ablenkung, keine Ausweichmöglichkeit, nur die Wüste rundherum.

Er erzählt mir, nennt einen Ort in der Wüste: wochenlang kam nichts herauf als Sand und Gestein. Dann fehlte der richtige Bohrer. Telefonieren, bürokratisches Hin und Her. Den Ort aufgeben? Endlich der richtige Bohrer, er zeigte ihn mir, aus Deutschland! Er blickte mich an, als wäre ich es gewesen, der ihm den Rotary-Bohrer, so verstand ich, geliefert hätte. Und dann, nach weiteren Tagen, Wochen: aus einer Tiefe von 1336 Metern kommt Wasser, 40 Grad warmes Wasser! Es stand auf einer Granitschicht. »Ein großer Tag für mich, für uns alle!« Er lächelt und senkt das Gesicht.

Ich bin überzeugt, daß dieser Mann keiner Ideologie dient oder doch nur dieser: Wasser für das Volk! Die Wüste grün machen! Oase mit Oase verbinden und ein zweites Ägypten schaffen. Nicht um ein Volk groß zu machen, sondern um es am Leben zu erhalten. Nein, diese Ingenieure und Techniker, deren Leben von einer militärischen Disziplin geprägt ist, sind keine Ideologen, auch keine Nationalisten, es sind Dienstleute einer großen, menschenfreundlichen Idee. Sie wollen erobern, was ihnen bereits gehört: die Wüste und das Volk der Fellachen.

Der Ingenieur läßt den Diesel abstellen. Wir sehen hinüber in die Oase, ein Palmenwäldchen um einen Teich, keine tausend Quadratmeter. Schon die Römer tranken das Wasser aus der Quelle, die den Teich

unter den Palmen füllt. Wir sehen die Quelle: ein Stein, an dem es naß herniederrinnt. Doch der Ingenieur bittet uns, nicht daraus zu trinken. Nur Eingeborene vertragen dieses Wasser und die Enten, die auf dem Teich schwimmen, und die Ziegen. Tiefschwarz im leuchtenden Grün, trippeln sie von allen Seiten herbei und betrachten uns. Auch ein kleines Mädchen blickt scheu über den Lehmwall, der den Teich von den wenigen Häusern der Oasenbewohner trennt.

Dann der alte Mann! Ich sah ihn nicht herankommen. Hundertdreißig Jahre sei er alt, versicherte mir der Ingenieur. Die Mauer aus jungen Männern tat sich auseinander, bildete ein Spalier, und unter dem Schatten der Palmen schritt, in eine dunkelblaue Galabija gehüllt, den weißen Turban säuberlich um die Schläfen gewunden, der älteste Mensch, dem ich je begegnet bin, auf mich zu. Er ist sicher auf den Beinen und bewegt sich mit Würde. Das weiße Kinnbärtchen ist säuberlich gestutzt. Nur der Blick seiner schwarzen Augen und die zerfältelte dunkle Haut verraten sein Alter. Dieser Blick scheint das Gegenüber nicht mehr zu erreichen oder nur tupfend, unbestimmt, er hängt wie ein Vogel in der Einsamkeit des Himmels. Die Haut ist mit Linien so vollgeschrieben, vollgekritzelt, daß man fürchtet, es sei für weitere Eintragungen des Lebens kein Platz mehr. Warum soll man an dem Alter dieses Mannes zweifeln? Ich lasse ihm die übliche Frage stellen: wie er es geschafft habe, so alt zu werden? Man hat ihm die Frage sicher schon oft gestellt, die Antwort klingt zunächst nicht originell: er hat den Tabak ausgelassen, den Alkohol, aber dann kam auch das Dritte, das er sich versagt hatte, nein, ich hatte mich nicht verhört, gleich drei junge Männer übersetzten mir das Wort: »No troubles« rufen sie! Ja, dieser Mensch hat es also fertiggebracht, ohne Aufregungen und Sorgen zu leben. Dabei war er verheiratet, seine Frau starb vor sechs Jahren; er hat Kinder aufgezogen und begraben, Enkel starben, Nachbarn, Freunde. Und er hat ohne Aufregungen und Sorgen gelebt, ohne Kummer und Schmerzen, ohne troubles? Und plötzlich kommt mir der Patriarch wie ein Ungeheuer vor, wie jene in sich selbst verschachtelten Schildkröten-Menschen, die mit einem Panzer der Gleichgültigkeit alles abwehren, was die Seele stechen und brennen kann, und noch ihre Unfähigkeit zum Mitgefühl als Weisheit ausgeben...

Aber dann denk ich, den alten Mann betrachtend, an Abraham. Mit etwa hundertzwanzig Jahren hat er nach dem Tod Saras zum zweitenmal geheiratet und noch einige Kinder gezeugt. Die Exegeten, seien sie nun Rationalisten oder Supernaturalisten, sind selten einmal bereit, die hundertfünfzig Jahre der Patriarchen als eine Möglichkeit der menschlichen Natur gelten zu lassen. Man lächelt ungläubig über eine Qualität, die man selber nicht mehr besitzt. Klüger wäre es, sich einmal vorzustellen, wie Abraham lebte. Sich in ein solches Leben zu versetzen, ist sehr schwer, weil unser Leben und das des Abraham nur noch in der menschlichen Grundverfassung dasselbe sind. Wenn ich aber diesen Oasenmenschen betrachte und seine Lebensumstände bis in alle Einzelheiten durchgehe, habe ich mir zum Leben des Abraham eine Brücke geschlagen. Die Luft, die dieser Oasenpatriarch atmet, ist Wüstenluft, nie hat seine Lunge Gift eingeatmet. Der Wechsel von Tag und Nacht (das Thermometer kann von 50 Grad bis auf Null sinken!) stärkt den Organismus und härtet ihn ab. Ein Bad im heißen Sand, das der Mann zu seiner Reinigung nimmt, hält ihm zugleich alle Formen von Rheuma und Neuritis vom Leib. Sein Tagewerk ist nicht zu schwer und nicht zu leicht: er bewegt sich, er schwitzt reichlich, schläft tief und lange. Sein Tisch ist frugal (er bot uns gekochte Datteln an, die ausgezeichnet schmeckten), Fleisch steht selten auf der Speisekarte, vielleicht einmal zum Fest eine der Enten, die auf dem Teich herumschwimmen, oder ein Ziegenböckchen. Im übrigen hat er Obst und Gemüse in Fülle. Vor allem Lauch, Zwiebel und Knoblauch. Seine Frau backt ihm das Fladenbrot, das die Magd Hagar genauso dem Abraham buk. Und er reicht es seinen Kindern, seinen Enkeln, die immer bei ihm sind. Er sieht sie wachsen, und einige sah er auch sterben. Er gab sie Gott zurück, so wie Abraham bereit war, Gott den Sohn zu opfern. Gottes Wille steht so hell und stark über ihm wie tags die Sonne und nachts die Sterne. Er quält sich nicht durch die Nacht mit bohrenden Gedanken, er schläft. Er weiß gar nicht, was das ist: dieser Aussatz des Zweifels, den andere sich die Nächte lang vergeblich von der Seele kratzen. Er ruht unter Allahs Fittichen. Mögen diese Fittiche ihn schlagen oder streicheln, das ist gleich, wenn Allah nur da ist.

Jetzt erfahre ich, daß dieser Oasenpatriarch Ibrahim heißt. Ich verbeuge mich und lasse ihm sagen, daß ich ihm noch viele Jahre wünsche. Da hebt er das Gesicht, lächelt und streckt beide Hände senkrecht in die Höhe, es war eine Geste der Ergebenheit wie der Abwehr. In der Rechten hielt er noch den aus Palmfasern geflochtenen Teller, auf dem er uns die Datteln gereicht hatte. An dieser Bewegung seiner Hände, die das Leben mit einer demütigen Gebärde abwehrte, erkannte ich, daß die Zahl seiner Jahre nicht erfunden sein konnte. Er war wirklich hundertunddreißig Jahre alt, »und des Lebens satt«.

Stefan Andres

Man muß durch die Wüste hindurch und sich dort aufhalten, um die Gnade Gottes zu empfangen. Dort wird man frei von sich selbst, dort kann man alles von sich abtun, was nicht Gott ist.

Carlo Carretto

Das Leben in der Wüste ist wunderbar.

Johannes vom Kreuz

So gut wie in der Oase, von der ich eben erzählte, ging es uns nicht ein einziges Mal in der ganzen Zeit, in der wir als Verkehrsflieger der Saharalinie auf Wochen, Monate, ja auf Jahre Gefangene des Sandes waren und von einer Wüstenfestung zur anderen flogen, ohne aus dem Bannkreis der Dürre je hinauszukommen. Oasen, wie die geschilderte, gab es in dieser Wüste nicht; Gärten und Mädchen waren eine ferne Sage. Gewiß, in weiter Zukunft, wenn wir einmal mit unserer Arbeit fertig sein würden, dann gab es einen Ort, wo wir aufleben wollten, wo wohl tausend Mädchen auf uns warteten. In der Stille bildeten sich bei zahmen Tieren und beschaulichen Büchern ihre schönen Seelen aus. Und von Tag zu Tag wurden sie schöner...

Inzwischen habe ich die Einsamkeit kennengelernt. Drei Jahre Dienst in der Wüste haben sie mir ausgiebig zu kosten gegeben. Sie ist gar nicht schrecklich, und in ihrer Gesellschaft empfindet man kein Grauen davor, die besten Jahre seiner Jugend in einem öden Steinland zu verbringen. Es kommt einem vielmehr so vor, als ob weit draußen die Welt alt würde. Die Bäume haben ihre Früchte gebildet, die Felder treiben ihre Ähren, die Frauen sind schön geworden im reifenden Jahr. Die Zeit fliegt, man müßte heimkehren! Die Zeit fliegt, und man wird in der Ferne zurückgehalten. Die Güter der Welt gleiten uns durch die Finger wie der Sand der Dünen.

Den Ablauf der Zeit empfinden die meisten Menschen für gewöhnlich gar nicht; sie sind von der Vergänglichkeit vorläufig auf freien Fuß gesetzt. Wir aber empfanden ihn, denn auf uns drückten ohne Unterlaß die ewigen Passatwinde. Es ging uns wie dem Reisenden im Schnellzug, dem der Lärm der Schienenstöße, die ihren Takt in die Nacht hinaussenden, die Ohren erfüllt. Er sieht durch seine Fensterscheibe hinaus ins Dunkle und ahnt an den zerstreuten Lichtern, daß Felder, Dörfer und stille Winkel an ihm vorüberfliegen, von denen er nichts behalten darf; er ist ja auf Reisen. Auch wir fühlten uns trotz der Stille der Flughäfen ständig unterwegs. Ein leichtes Fieber machte einen überwach, und die Ohren waren noch immer erfüllt vom Motorengeräusch. Wir hatten das Gefühl, einer unbekannten Zukunft entgegenzueilen, denn pausenlos trug uns der Schlag unseres Herzens im Zug der steten, nie rastenden Winde.

Der Aufstand der Einheimischen verstärkte die Wirkung der Wüste. In die stillen Nächte von Cap Juby klang alle Viertelstunden eine eigenartige Glocke: die Wachen riefen einander mit dem vorgeschriebenen lauten Rufe an. So sicherte sich die spanische Festung Cap Juby gegen die schleichenden Gefahren, die sich niemals ins Gesicht sehen ließen. Und wir, Fahrgäste auf diesem blindgesteuerten Schiff, wir lauschten dem Anruf, der von Posten zu Posten weitergegeben wurde und um uns kreiste wie der Schrei der Möwen.

Und dennoch liebten wir die Wüste.

Zuerst ist sie nur Leere und Schweigen, denn sie gibt sich nicht zu Liebschaften von einem Tage her. Schon in der Heimat hält sich das stille Dorf scheu zurück. Niemand kann es kennen, der nicht ihm zuliebe auf die ganze übrige Welt verzichtet, sich in seine Überlieferungen, seine Sitten, seine Streitigkeiten einlebt; und dabei ist es für so viele Menschen Heimat und Weltall zugleich. Noch tiefer einsam freilich ist der Mensch neben uns, der sich in seine Klause gemauert hat und in ihr nach Ordensregeln lebt, die wir nicht kennen. Kein Lamakloster, keine erdenweite Entfernung kann eine solche Einsamkeit bieten, in die nicht einmal ein Flugzeug dringt. Und wenn wir schon gelegentlich die Zelle des Einsamen zu sehen bekommen, so ist sie leer und verrät uns nichts von dem inneren Reich ihres Bewohners.

So ist auch die Wüste nicht aus Sand gemacht, und nicht aus verschleierten Tuaregs, und nicht einmal aus gewehrtragenden Beduinen.

Das aber ist sie: wir haben einen ganzen Tag Durst gelitten und plötzlich spüren wir zum allerersten Male, daß die Wasser der altbekannten Brunnens ständig fließen. Eine unsichtbare Frau kann ein ganzes Haus verzaubern; ein ferner Brunnen wirkt weit, weit, so weit wie die Liebe.

Das aber ist sie: die Sandmassen schienen erst so öde! Eines Tages aber fürchten wir einen Kriegszug der Aufständischen, und plötzlich entdecken wir, daß der Sand ein weiter, faltiger, verhüllender Mantel ist. Schleichende Streifscharen von aufständischen Berbern geben der Wüste ein neues Gesicht.

Diese Spielregeln haben wir angenommen und uns dem Spiel eingegliedert. Nun ist die Sahara in uns, und da erst zeigt sie sich. Ihr nahekommen, das bedeutet nicht, eine Oase besuchen. Vielmehr bedeutet es, an einen Brunnen tief und brünstig zu glauben.

Antoine de Saint-Exupéry

Jeder Mensch ist Teil eines Ganzen, das wir Universum nennen. Jeder erfährt sich selbst, seine Gedanken und Gefühle allerdings als etwas vom Rest Abgetrenntes. Das ist eine Art optische Täuschung des Bewußtseins. Diese Sinnestäuschung ist für uns eine Art Gefängnis, das uns auf unsere persönlichen Bedürfnisse und auf die Gefühle für die wenigen uns nahestehenden Menschen beschränkt. Unsere Aufgabe ist es, uns aus diesem Gefängnis zu befreien, den Radius unseres Mitgefühls auszudehnen auf alle Lebewesen und die gesamte Natur in ihrer Schönheit.

Albert Einstein

Eigentlich hatte ich mir die Wüste gedacht als unabsehbare Menge gesiebten sauberen Sands. Die Wirklichkeit war verzweifelt viel weniger schön. Es war eben wüst, weiter nichts. Soweit man sah, war verkommenes Land; Verkommenheit war es, woraus sich im wesentlichen die Wüste ergab. Steine und Lehm und Sand waren von Millionen glühenden Sonnen verbacken zu diesem graugelben Einerlei, das nun überall war.

Auch darin hatte ich mich getäuscht: ich hatte unklar gedacht, in der Wüste stehe man mitten im Flachen und sehe Unendlichkeit rings um sich her. Auch das war nicht wahr. Unwert verminderte das Nahe so sehr und riß so viel Ferne herbei, daß immer irgendeine Höhe da war, die die Aussicht verstellte. Das Auge, das sonst keine Gaben empfing, bemaß Hügel und Täler stärker als sonst, und übertrieb. So kam es, daß man in einem Tal zu sein glaubte, wenn man sich nur in einer flachen Mulde befand. Dann wieder glaubte man auf einer Höhe zu stehen, ohne daß man bemerkt hätte, gestiegen zu sein. Und einen Hügelzug, den man lange vor Augen hatte als einen gelben beträchtlichen Wall, erstieg man nachher im Nu: es war nur eine unerhebliche Schwelle.

Viele, viele Monate war ich an denselben Platz festgebannt, als ich ein paarmal Gelegenheit hatte, vom Rücken eines Gebirges ein größeres Stück Wüste zu übersehen. Es war kein hohes Gebirge, nur ein paar hundert Meter vielleicht; aber nach so viel Flachem mußte man so eine Höhe als Ereignis empfinden.

Ganz in der Ferne waren wieder Gebirge. Sie waren seltsam erscheinungshaft; es ließ sich keinesfalls sagen, wie ferne sie waren oder wie hoch. Sie traten aus einem Schleier hervor, den die zitternde Hitze über der Ebene wob, und sie waren auch wieder merkwürdig klar. Rissig und steil leuchteten sie im Nachmittagslicht, weißgelb und lila dazwischen; ganze Teile waren mit lila Schillerschatten verzaubert.

Über die dazwischenliegende Ebene schoß das Licht furios. Mit den fernen Höhen sprang es nach Gutdünken um, türmte sie morgens hoch auf und erdrückte sie mittags in Gluten, färbte sie abends rot und dann wieder ganz fahl mit violetten dunkleren Schatten.

So viel Wüste hatte ich vorher noch nie überblickt. Das Neue war, daß ich nicht nur darüber hinsah, sondern daß es ein Daraufblicken war. Diese Ebene war ganz summarisch behandelt von dem verachtenden, gleichgültigen, ewig wehenden Wind. Mit seinen Zeichen war es bedeckt: Gassen von Ausgewehtem und stehengebliebenes Grat, geriffelte Formen, wie man sie im kleinen von den Stränden her kennt, und Buckeln, die sich mit übermäßigen Schatten großtaten. Alles war Trift des ewigen Winds, der über die Weiten hinfuhr wie eine Hand über ein gestorbenes Gesicht.

Das also war die unendliche Wüste. Zum ersten Mal sah ich, daß sie eine Oberfläche besaß; es war eine hingeschmolzene, glänzende Haut. Auch sie war das Werk dieses höhnischen Winds, der hin und her schoß, wie um zu wachen, daß ja nichts entstehe auf diesem Land, das nur sein Besitz war. Es war natürlich gar keine Haut, es war nur das Endgültige des unablässig rieselnden Sands, nur die besiegelte Ratlosigkeit. Der Wind hatte ihm dieses Gepräge gegeben, um im Hin- und Herfegen leichter sehen zu können, daß hier nichts ohne seinen Willen geschah. Leben, das sich hier aufgemacht hätte, hätte er ohne weiteres bemerkt.

Das also war die Wüste. Land, das nicht mehr empfing und nicht schenkte, nicht nährte, durch nichts mehr genährt, ausgeschieden aus dem Kreislauf des Lebens. Erde ohne Verwandlung, die nichts mehr begriff, Erde, die schicksallos war, ohne Freuden und Leiden. Im Vergleiche dazu war das Meer ein fruchtbarer Schoß. Dies war, was auf Erden dem Leben am abgewandtesten war. Es war das Antlitz des Todes: und nicht einmal das ... So war nicht der Tod, der kommt und schrecklich ist oder sanft. So war nur Gestorbensein, das weit weg vom Menschlichen ist. Nicht Vergangenheit, die voller Erinnerung ist, und nicht Sterben, in dem Auferstehn wohnt: es war jenseits von allem. Es war das ausgemacht Öde, das Ausgelöschte, Getilgte.

Man irrt, wenn man glaubt, man wisse nach solch einem Anblick, was Wüste eigentlich sei. Man ist nicht in der Wüste gewesen, wenn man nur einen Anblick von ihr empfing, dies kann man auch Reisenden zeigen. Denn sie ist Ausgesetztsein und Verlorensein, sie ist das Hoffnungslose in mattester, letzter Gestalt. Sie ist das Endlose ohne Trost. Sie ist, dessen Ende man immer nur hofft: aber man weiß, es ist fern.

Unserer Lage fehlte etwas, was vor allem zur Wüste gehört: das Durchziehen der Weiten. Das fehlte, und doch kann man sagen, daß wir erfuhren, was Wüste eigentlich ist: die wir gefesselt waren an ihre Trostlosigkeit. Die wir nicht nur vorübergehend dort waren wie zum Versuch ihrer Menschenverachtung, sondern, wie uns vorkam, auf endlose Zeit.

Monate, Jahre hindurch lebten wir auf einem winzigen Stück des unabsehbaren Sands. Die Sinnlosigkeit, deren Urbild die Wüste selbst ist, war mit der Sinnlosigkeit, daß wir darin nur ein winziges überfülltes Viereck besaßen, multipliziert.

Der Sand war bald unser Element. Keine Farben hatte die Welt, und die Erde roch nicht. Es wuchs nichts, kein Baum und kein Halm. Nur Sand, Sand und Sand. In weiter Ferne zog ein Kanal vorbei, aus dem wir unser Wasser bekamen: es war der von Tumilat, wie ich jetzt weiß; er läuft vom Nil quer durch die Arabische Wüste, schon Herodot spricht von ihm. Zuweilen sah man am Horizont ein Segel erscheinungshaft durch den Wüstensand ziehen ...

Es war ein Dasein im Leeren. Anfangs war das eine heftige Qual. Wenn der Tag begann, war man von Ekel erfüllt. Mit der Zeit aber, freilich nach vielen Monaten erst, vollzog sich ein Wandel. Die Unruhe fiel ab. Die Unruhe erlosch, die einen sonst dazu antreibt, den Ort zu wechseln oder doch sich zu sehnen, daß man da und dort und wieder woanders und in veränderten Verhältnissen sei. Abgesehen von dem alles untermalenden Schmerz, der sich auf die Heimat bezog, dem Kummer, der von je das Gefühl war, mit dem man Deutschland bedachte, abgesehen davon war keine Unrast mehr da. Kein Wunsch mehr, sich zu verändern. Kein Wunsch, zu erleben. Kein Wunsch, neue Menschen zu sehen.

Dagegen entwickelte sich ein anderer Sinn. Er befähigte einen, zu sein, wo man wollte. Die Einbildung war deutlich wie die Realität. Die Wirklichkeit hätte nichts mehr dazu zu schenken vermocht. Man besaß alles, was in der Ferne und in der Erinnerung war, man besaß es reiner, abgezogener und vom Zufall des Momentanen befreit. Das Dasein in der Wüste war nichts. Aber in dieses Nichts stürzten Bilder hinein.

Man lebte wie auf einem anderen Stern. Wir sahen das Irdische, wie man es von einem Mond aus wahrscheinlich sähe: aus dem Dunkel des Weltraums erhellt, wie im dunkeln Theater die Bühne. Was man auf diese Art sah, war deutlich, aber es war nur noch ein theatralischer Schein. Theatrum mundi: nicht weniger schrecklich, weil es nicht mehr so wirklich war, aber an Geltung hatte es mächtig verloren. Es war nur noch des Schönen und Schrecklichen verdichteter Schein.

Erhart Kästner

Stille

Wir sind auf der Suche nach etwas, das allen in die Kindheit scheint und worin noch niemand war: Stille.

Aber wie Stille finden in der Welt der vielen Worte, der schrillen Töne, dem Brummen und Rauschen der Motoren? Wie Stille finden im Brüllen einer Musik, die keine mehr ist?

Wir leben in den Schwaden des Lärms, die durch unser Leben ziehen. Sie rauschen vorbei, hüllen uns ein, machen uns stumm. Stumm sein ist etwas anderes als still sein.

Jedoch auch die Stille verstummt nicht. Sie hat einen Ton. Es gibt sie nicht pur, die Stille. Vielleicht auch deswegen suchen wir sie.

Wir fürchten die Stille, weil uns ihre Einsamkeit ängstigt. Wir lieben die Stille, auch wegen der Einsamkeit, die uns gut tut.

Alle großen Dinge kommen aus der Stille. Wenn alles still wird, langsam oder schlagartig, kann sich das Geheimnis eines Lebens entfalten. Es gibt kein Geheimnis ohne Stille.

Viele Menschen suchen Orte auf, an denen sie warten können, bis die Stille zu ihnen spricht. Ja, Stille spricht. Sie hält Botschaften bereit, die in einer lauten Welt nicht zu vernehmen sind.

Auch die Natur schenkt uns Stille. In den großen Wäldern, an den Ufern der breiten Flüsse, auf den Gipfeln hoher Berge, auf dem weiten Meer, in den großen Wüsten. Die Einsiedler haben sich gerade dorthin begeben, wenn sie ihr ganzes Leben in die Waagschale werfen wollten. Dort hofften sie, das Maß zu finden, welches ihnen nur das Schweigen und die Stille lehren konnten.

Wer still wird, macht sich weit, öffnet sich.

Still sein heißt auch auf Einwände verzichten, auch dort, wo wir sie erheben könnten, mit Fug und Recht und guten Gründen. Stille tritt ein, wenn Urteile gesprochen werden. Vor dem Richter schweigt man.

Auch die Stille hat viele Gesichter. Sie kann auf uns lasten, und sie kann uns befreien, uns aufatmen lassen. Sie kann die Dämonen entfesseln und uns für den Frieden begeistern.

Im Herzen der Stürme waltet die Stille. Im Auge des Taifuns regt sich nichts.

Stille Menschen sind wie Leuchttürme, wie Felsen in der Brandung, wie Feuer in der Nacht. Mahnmale des Einen Notwendigen, auf das alles im Leben ankommt. Und im Tod.

Wir Menschen kommen aus der Stille unvordenklicher Zeiten, und wir kehren in eine Stille von unvorstellbarer Dauer zurück. Woher kommen wir? Wohin gehen wir? Die Antwort wissen wir nicht. Um die Fragen nach unserer wirklichen Herkunft und Zukunft bleibt es still. Alle Forschungen, alle hehren und hohen Gedanken, alle Versuche der Aufklärung vermögen daran nichts zu ändern. Je mehr wir wissen, je tiefer wir denken, je weiter wir enthüllen, desto unheimlicher erscheint die Stille, aus der wir kommen und in die wir gehen.

Letztlich ist die Stille die einzige tragfähige Antwort auf die Frage nach dem Grund und dem Ziel unseres Daseins. Diese Antwort auszuhalten, sie zu ertragen, dazu braucht es Geduld und noch einmal Geduld, den Mut gegen die Schrecken, die in der Stille aufstehen, und die Kraft, die tiefe Freude zu spüren, die sie uns schenkt.

Die Stille

Alles Große
Kommt aus der Stille.
Große
Suchten Stille.
In der Wüste
Wurden sie geformt:
Moses, Jesus, Paulus.

Mönche sammelten
In Klöstern
Die Stille ein.
Ihre Handschrift,
ihr Choral, ihre Arbeit
dauert.

In der Stille wächst ein Mensch
Im Mutterleib heran.
In der Stille finden
Menschen zueinander.
In der Stille zieht
das unendliche Geheimnis,
das tiefste Du,
den Menschen an.
In der Stille der Nacht
Rang Jakob mit Gott.

Martin Gutl

Kaum daß ich mich erinnern kann, irgendwann gestillter gelebt zu haben als in jenen Tagen. Die Abgeschiedenheit, die Ekkehart als den Grund des richtigen Lebens preist, schien endlich gewonnen zu sein. Ich hätte den Prospero-Vers, den ich in Indipohdi gefunden hatte: »Dem Leben fern bin ich dem Leben näher…«, über alle diese Tage hinschreiben können. Ich sah, daß die Wüste die eigentlich kontemplative Landschaft ist.

Wie einem oft eine unsichtbar gütige Hand Menschen, Bücher und Gespräche zuschiebt, just wenn man sie braucht, wie im Zusammensetzspiel einen vermißten, alles ringsum ergänzenden Stein, so fand sich ein

Wort von Hofmannsthal zu jenem dazu: »Man muß«, hieß es, »über das Gefühl der Gegenwart hinwegkommen wie in der Musik über das Hören der Instrumente.« Und dann kam ein Brief, in welchem ein dritter Satz stand: es war, als hätten sich alle drei an so entrücktem Orte zusammenbestellt. Er stammte von Sven Hedin, dem Erforscher der Wüsten. Jemand schrieb mir, er habe ihn sagen hören: »Jedermann braucht etwas Wüste.«

Erhart Kästner

Meine kleine Mama, was für ein Mönchsleben führe ich doch! Im verlorensten Winkel von ganz Afrika, mitten in der afrikanischen Sahara. Ein Fort auf dem Strande, unsere Baracke daneben, und dann nichts mehr über Hunderte und Hunderte von Kilometern.

Die Sahara liebe ich sehr, und auch diese schönen Seen, die einen umgeben, wenn man landen muß, und in denen sich die Dünen spiegeln (was übrigens recht ärgerlich ist, wenn man Durst hat...). Mir geht es ausgezeichnet. Meine kleine Mama, Du hast einen Sohn, der sehr glücklich ist und seinen Weg macht. Sobald die Flut kommt, umspült uns das Meer ganz und gar, und wenn ich nachts an meinem Fensterchen stehe, es hat Gitterstäbe wie im Gefängnis: wir befinden uns ja in aufständischem Gebiet, habe ich das Meer unter mir, genau so nah wie in einem Boot. Und es pocht die ganze Nacht an meine Wand. Auf der anderen Seite hat man die Wüste vor sich.

Die Entäußerung von allem Komfort ist radikal. Ein Bett, das aus einem Brett und einem dünnen Strohsack besteht, ein Waschbecken, ein Krug. Ich vergesse noch die Nippsachen: die Schreibmaschine und die Paperassen des Flugplatzes! Eine Mönchszelle.

Die Flugzeuge kommen alle acht Tage durch. Dazwischen liegen drei Ruhetage. Und wenn meine Flugzeuge starten, sind sie wie meine Küchlein. Und ich bin in Sorge, bis ich die funkentelegrafische Meldung erhalte, daß sie die nächste Etappe erreicht haben, in tausend Kilometer Entfernung. Und ich bin darauf gerüstet, mich nach den Vermißten auf die Suche zu machen.

Antoine de Saint-Exupéry

In der Vorstellungswelt der Wüstenväter hatte Gott, als Er die Wüste schuf, diese mit einem kostbaren Wert beschenkt. Dieser Wert kann allein mit den Augen des Schöpfers betrachtet werden, da die Einöde für den Menschen den Inbegriff aller Wertlosigkeit darstellt. Die Wüste war ein Land, an dem sich menschliche Nutzbarmachung niemals vergreifen konnte. Hier wurde dem Menschen nichts geboten; hier war nichts, das ihn hätte fesseln können; hier war nichts »zu holen«! Vierzig Jahre hatte die Wanderung des auserwählten Volkes durch die Wüste gedauert; einzig Gott allein war diesem Volk zur sorgenden Mutter geworden. Innerhalb weniger Monate hätten die Israeliter das Gelobte Land erreichen können, wenn sie auf dem direkten Weg dorthin gegangen wären. Doch Gott wollte es anders. Er wollte, daß sie Ihn in dieser Einöde lieben lernten und daß sie auf diese Wanderung durch die Wüste als auf eine erinnerungssüße Zeit der Einsamkeit, der Vereinigung mit Ihm, einzig und allein mit Ihm, zurückblicken sollten.

Die Einöde wurde geschaffen, um schlechthin sie selbst zu sein, und nicht, um von Menschenhand in etwas anderes umgebildet zu werden. Mit Bergen und Meeren verhält es sich nicht anders. Deshalb bietet allein die Wüste die einzig denkbare Wohnstatt für den Menschen, der danach trachtet, nichts anderes als er selbst zu sein, was, anders ausgedrückt, heißen soll: ein Geschöpf der Einsamkeit also, der Armut, ja der völligen Verwiesenheit auf niemanden als auf Gott, mithin ein Wesen, bei dem kein vermessenes eigenes Planen, einem Alibi gleich, sich zwischen dem Geschöpf und seinem Schöpfer breit macht.

Thomas Merton

So ist die Wüste, die Landschaftsform Wüste, aber mehr noch die Wüste als erlittene oder bewußt gesuchte Einsamkeit unseres Lebens, der Raum der Sammlung und Kontemplation schlechthin.

Sammlung heißt: unser »Ausgegossensein« in das Vielerlei des Alltags wieder zu »sammeln«, d.h. zurückzunehmen in die einende Mitte, und ganz ähnlich bedeutet Kontemplation: das viele Zerstreuende und Widersprüchliche unseres Daseins wie in einem Brennpunkt »zusammenzusehen«. Bedeutung und Wichtigkeit von Sammlung und Kontemplation wurden in den letzten Jahren von zunehmend mehr Menschen eingesehen und erfahren. Vielen geht auf, daß bloßes Handeln, Leisten und

Agieren das eigene Ich verschüttet. Sie werden oft erschreckt dessen inne, daß sie in der Hektik und Zerstreuung gar nicht mehr zu sich selbst kommen, daß sie im Lärm und Alltagsbetrieb ihre »Seele« verlieren. Angesichts dessen sehen sie ein, daß man Schweigen, Sammlung und Distanz vom Handeln bitter nötig hat, um nicht leerzulaufen und innerlich zu verkümmern. So sind nicht wenige Menschen heute dafür aufgeschlossen, daß Sammlung und Kontemplation, Schweigen und Meditation, kurz, Wüste notwendig ist, um geistige Energie »aufzutanken«.

Gisbert Greshake

Ich liebe die Wüste: die unendliche Weite und den Formenreichtum der Sahara mit ihren unabsehbaren Hochebenen, in denen sich der farblos ausgemergelte, vegetationslose Boden am Horizont mit dem grauen, von feinstem Sand verhangenen Himmel vermählt, mit ihren Hochgebirgen, die dank der besonderen Verwitterungsbedingungen voll sind von bizarren Formen, die an eine Mondlandschaft erinnern wie kaum sonst eine Gegend dieser Welt. Mit ihren Sanddünen, in die der Wind die schönsten Muster und Linien schreibt. Aber auch die Wüsten des Nahen Ostens sind schön, der Negev, auf den der Mensch immer mehr sein Antlitz prägt, die kleine Wüste Juda mit ihrem unübersehbaren Hügelgewirr, das an eine zusammengeknitterte Tischdecke erinnert, und vor allem die Sinai-Wüste mit ihren unendlich erhabenen Granitgebirgen aus rötlichem Stein, der vielmals kontrastiert mit schwarzen Vulkanschichten (wenn es einen Gottesberg gibt, dann muß er hier und nirgends sonst gewesen sein). Dann die Wüsten des Mittleren und Fernen Ostens: neben den weiten Sandwüsten die immensen Geröllwüsten im Osten Syriens und Jordaniens aus blitzenden schwarzen Brocken, die staubigen Einöden Mesopotamiens, die sich wenige Kilometer von den lebensspendenden Flüssen Euphrat und Tigris um deren grüne Uferbänder herumlegen, die persisch-pakistanische Salzwüste mit ihrem unglaublich feinen Salzstaub und ihrem hellgrauen, von Rissen aufgesprengten Boden, und nicht zuletzt die Wüsteneien Tibets, wo die Schroffheit und abweisende Hoheit von Sieben- und Achttausendergipfeln sich mit der Öde von steinigen Hochtälern und Hochebenen verbindet. Ich kenne keine schönere Landschaftsform der Welt!

Und dann die Oasen! Wer noch nie nach langen, grauen Wüstentagen eine Oase erreicht hat, weiß nicht, was grün ist. Erst im Kontrast zum staubigleblosen Grau und Braun enthüllt diese Signalfarbe der Oase ihr eigentliches Wesen: Leben, Kraft, Anmut, Freude. Und das Wasser! Gewiß, wir standen bei unseren vielen Wüstenaufenthalten noch nie vor dem Verdursten. Aber welch ein Unterschied zwischen dem oft tagelang, ja wochenlang mitgeführten Wasser, das die Hitze in den Plastikkanistern heiß gemacht und das seinen Wohlgeschmack verloren hat, und dem kühlen, lebendigen Wasser einer Oasenquelle, aus der man mit vollen Zügen trinken kann …

Gisbert Greshake

Es gibt keine Wüsten mehr. Es gibt keine Inseln mehr. Das Bedürfnis danach ist jedoch spürbar. Will man die Welt verstehen, muß man sich manchmal von ihr abwenden; um den Menschen besser zu dienen, muß man sie zeitweise fernhalten. Doch wo findet man die Einsamkeit, so notwendig für die Kraft, wo den tiefen Atem, in dem der Geist sich sammelt und der Mut sich messen kann? Es gibt die großen Städte. Nur braucht es da noch Bedingungen.

Die Städte, die Europa uns darbietet, sind übervoll vom Aufruhr der Vergangenheit. Feinhörige können das Schwirren von Flügeln, das Beben von Seelen vernehmen. Man spürt den Taumel der Jahrhunderte, der Revolutionen, des Ruhmes. Man wird daran erinnert, daß das Abendland unter Getöse geschmiedet wurde. Das gibt nicht genügend Stille.

Paris ist für das Herz oft eine Wüste, doch weht zu manchen Stunden vom Père-Lachaise her ein Revolutionswind, der diese Wüste plötzlich mit Fahnen und besiegtem Adel erfüllt. So sind manche spanischen Städte, so Florenz und Prag. Salzburg wäre friedlich ohne Mozart. Aber dann und wann eilt über die Salzach der hochmütig stolze Schrei Don Juans, der in die Hölle stürzt. Wien scheint schweigender, ist ein junges Mädchen unter den Städten. Die Steine dort sind nicht älter als drei Jahrhunderte, und ihre Jugend weiß nichts von Melancholie. Doch Wien liegt an einem Kreuzweg der Geschichte. Ringsumher erdröhnt der Aufprall der Kaiserreiche. An manchen Abenden, wenn der Himmel sich blutrot färbt, scheinen die steinernen Denkmalspferde am Ring emporzufliegen. In diesen flüchtigen Augenblicken, in denen alles Macht und Geschichte ist, hört man deutlich unter dem Ansturm der polnischen Schwadronen den dröhnenden Zusammenbruch des Osmanischen Reiches. Auch das gibt nicht genügend Stille.

Gewiß, es ist diese bevölkerte Einsamkeit, die man in den Städten Europas sucht. Jedenfalls jene Menschen, die wissen, was sie zu tun haben. Sie können sich dort ihre Gesellschaft auswählen, sie pflegen und wieder fallenlassen. Manche haben sich gestärkt auf diesem Gang von ihrem Hotelzimmer zu den alten Gemäuern der Ile Saint-Louis! Andere, es ist wahr, gingen an Vereinsamung zugrunde. Die ersten jedenfalls fanden darin ihre Gründe, zu wachsen und sich zu bestätigen. Sie waren allein und waren es doch nicht. Jahrhunderte von Geschichte und

Schönheit, glühende Zeugen von Tausenden von vergangenen Leben begleiteten sie die Seine entlang und erzählten gleichzeitig von Traditionen und Eroberungen. Ihre Jugend trieb sie, solche Gemeinschaft zu rufen. Es kommt eine Zeit, eine Epoche, wo dies lästig wird …

Die Wüste selbst hat einen Sinn erlangt, man hat sie mit Poesie überladen. Allen Leiden der Welt wurde sie ein geweihter Ort. Was das Herz jedoch zuweilen begehrt und sucht, sind Orte, frei von Poesie. Descartes wählte sich für die Meditation seine eigene Wüste: die geschäftigste Handelsstadt seiner Zeit. Dort findet er seine Einsamkeit und die Möglichkeit zur vielleicht größten unserer männlichen Dichtungen: »Der

erste Grundsatz war, nie eine Sache für wahr anzunehmen, bevor ich sie offensichtlich als solche erkannt hatte.« Man kann weniger Ehrgeiz und ebenso große Sehnsucht haben. Doch hat sich Amsterdam seit drei Jahrhunderten mit Museen bedeckt. Um der Poesie zu entfliehen und den Frieden der Steine zu finden, braucht es andere Wüsten, andere Stätten ohne Seele und Zuflucht.

Albert Camus

Die Karawane machte sich in Richtung Sonnenuntergang auf. Sie reiste vormittags, machte Pause, wenn die Sonne am höchsten stand, und zog nachmittags weiter. Der Jüngling unterhielt sich wenig mit dem Engländer, da dieser die ganze Zeit mit seinen Büchern beschäftigt war.

Danach begann er, den Marsch der Tiere und der Menschen durch die Wüste zu beobachten. Jetzt war alles ganz anders als am Tag der Abreise: an jenem Tag war ein heilloses Durcheinander und Geschrei; Kinderweinen und Wiehern der Tiere vermischte sich mit den nervösen Anordnungen der Führer und der Händler.

In der Wüste dagegen gab es nur den ewigen Wind, die Stille, den Hufschlag der Tiere. Selbst die Führer unterhielten sich wenig miteinander.

»Ich habe diese Dünen schon oft durchquert«, sagte ein Kameltreiber eines Abends. »Aber die Wüste ist so gewaltig, die Horizonte sind so fern, daß man sich sehr klein vorkommt und vor Ehrfurcht verstummt.«

Der Jüngling konnte gut verstehen, was der Kameltreiber meinte, auch ohne zuvor eine Wüste durchquert zu haben. Immer, wenn er das Meer oder Feuer betrachtete, konnte er stundenlang still sein, ohne an etwas zu denken, in die Unermeßlichkeit und die Kraft der Elemente eintauchend.

»Ich habe schon von den Schafen und von Kristallen gelernt, warum sollte mich die Wüste nicht auch etwas lehren«, überlegte er. »Sie scheint mir älter und weiser zu sein.«

Der Wind hörte nie auf. Der Jüngling erinnerte sich an den Tag, als er diesen gleichen Wind auf einer Festung in Tarifa gespürt hatte. Vielleicht würde er in diesem Moment die Wolle seiner Schafe leicht streifen, die durch die Ebenen von Andalusien auf der Suche nach Wasser und Nahrung zogen.

»Eigentlich sind sie gar nicht mehr meine Schafe«, sagte er sich ohne Bedauern. »Sie haben sich sicher schon an einen neuen Hirten gewöhnt und mich vergessen. Das ist auch gut so. Wer gewöhnt ist, wie die Schafe zu reisen, weiß auch, daß er immer eines Tages abreisen muß.«

Danach dachte er an die Tochter des Händlers und war sich sicher, daß sie bereits verheiratet war. Vielleicht mit einem Eisverkäufer oder sogar mit einem Schäfer, der auch lesen konnte und ausgefallene Geschichten zu erzählen wußte: Sicher war er nicht der einzige. Aber er war beeindruckt von seinem Verdacht: Vielleicht war er dabei, auch diesen Aspekt der universellen Sprache zu erlernen, die die Vergangenheit und die Zukunft von allen Menschen weiß. Ahnungen pflegte seine Mutter zu sagen. Der Jüngling begann zu verstehen, daß diese Ahnungen plötzliche Eintaucher der Seele in diese universelle Strömung des Lebens waren, wo die Lebensgeschichte von allen Menschen miteinander verbunden ist, und wo man alles erfahren konnte, weil alles »geschrieben steht«. »Maktub«, sagte der Jüngling und erinnerte sich an den Kristallhändler.

Die Wüste besteht manchmal aus Sand und manchmal aus Stein. Wenn die Karawane an einen Felsen kam, dann umging sie ihn weitläufig. Wenn der Sand zu weich für die Kamelhufe war, dann suchte sie einen Umweg, wo der Sand widerstandsfähiger war. Manchmal war der Boden, wo einst ein See existiert haben mußte, mit Salz übersät. Dann streikten die Tiere, und die Kameltreiber stiegen ab und entluden sie. Dann packten sie sich die Lasten auf die eigenen Schultern, gingen über den verräterischen Boden und beluden die Tiere aufs neue. Wenn ein Führer erkrankte oder starb, dann ernannten die Kameltreiber durch das Los einen neuen.

Paulo Coelho

Es ist gewiß der wunderbaren Gnade der göttlichen Vorsehung zu verdanken, daß wir in der Wüste, in der wir hier leben, den Frieden der Einsamkeit haben, ohne auf Trost verzichten zu müssen, den eine angenehme und gottesfürchtige Gemeinschaft gewährt. Jeder kann sich beliebig in die Einsamkeit zurückziehen und seine Schwierigkeiten bewahren, da niemand ungebeten das Wort an ihn richtet.

Wir leben mit zahlreichen Menschen, aber wir spüren nichts vom Tumult der Menge. Wir leben wie in einer Stadt, aber kein Lärm hindert uns daran, die Stimme dessen zu hören, der aus der Wüste ruft, solange der äußeren Stille unsere innere Stille entspricht.

Abt Guerric d'Igny †1157

Zeit

Das Haus des Lebens ist gebaut aus Zeit. Weniger ich selbst als vielmehr die Zeit baut am Haus des Lebens. Die Menschen, die im Haus der Zeit wohnen, sind Gäste. Sie hausen nur vorübergehend in ihren Wohnungen. Zur gegebenen, manchmal auch zur genommenen Zeit müssen sie weiter, weg und fort. Einmal für immer.

Es gab eine Zeit, da war ich noch nicht. Jetzt bin ich. Und es wird eine Zeit geben, in der ich nicht mehr sein werde.

Zeit ist in beständigem Fluss. Ich kann sie nicht festhalten. Sie entschlüpft mir wie ein Fisch, den ich mit der Hand fangen will.

Wenn ich jetzt »jetzt« sage, ist »jetzt« schon vorbei. Zeit ist und bleibt zerbrechlich, ist und bleibt vor-läufig. Die Zeit läuft uns davon. Wir hinterher. Nie sind wir der Zeit voraus.

Zuweilen rast die Zeit. Sie flieht dahin, vergeht schnell. Wohin?

Und wir stehen ohnmächtig im Sturzbach der eilenden Sekunden, Stunden, Tage und Jahre.

Dann aber bleibt sie auch stehen, wird zäh, zerdehnt und langweilig, wird bleierne Zeit. Mit schweren Gewichten zieht sie nach unten, uns mit.

Wir leben in rasendem Stillstand ebenso wie in stiller Raserei.

Zeit kann zur Wüste werden. Ihr Sand rinnt durch die Uhr. Fein und unhörbar. Im Rinnen des Sandes zerrinnen Vergangenheit, Gegenwart, Zukunft, fließen ineinander, sind nicht mehr zu unterscheiden.

Nicht nur meine Zeit hat verschiedene Rhythmen, sondern auch die Zeit der anderen, die Zeit der Natur, die Zeit der Tiere und Pflanzen. Alles hat seinen Tag und seine Stunde, wenn es »an der Zeit« ist, wenn es zeitig ist. Die Zeit meines Lebens ist eingebettet in größere und weitere Zeiten.

Das Leben der Menschen heute ist vor allem bestimmt durch die Zeit der Technik, durch die Zeit der Uhren. Wir wollen immer schneller sein, wollen immer höher hinaus. Wir wollen immer mehr in immer kürzerer Zeit.

Menschen anderer Kulturen leben noch in anderen Zeitläufen. Sie sind vom Rhythmus der Natur bestimmt, von Licht und Dunkel, von Nacht und Tag, vom Lauf der Jahreszeiten. Zeit wird noch erfahren als erfüllte, auch als heilige Zeit. Das ist bei uns nur noch insulär möglich, und trägt dann oft Züge der Idylle.

Was in der Zeit des Ostens und des Südens noch in der Schwebe gehalten wird, verwandelt sich in der Zeit des Nordens und des Westens schnell zur Endzeit. In der zerteilten Zeit ist die Zeit selber verschwunden, sie wird nichtig.

»Die Zeit des Endes ist die Zeit der Dämonen, die das Herz besetzen (und vorgeben, Götter zu sein), so daß der Mensch in seinem Innern keinen Platz mehr für sich selbst findet. Er findet in seinem Herzen keinen Platz zum Ausruhen mehr, nicht weil es voll ist, sondern weil es völlig leer ist« (Thomas Merton).

Zeit ist und bleibt paradox, widersinnig und widerspenstig. Es geht uns mit ihr, wie es dem Kirchenvater Augustinus mit ihr vor langer Zeit schon ergangen ist. Gefragt, was Zeit sei, antwortete er, dass er es nur wisse, wenn er nicht danach gefragt werde.

Unsere Zeit flieht wie ein Schatten.

Nächte ohne Maß, unter einem Regen von Sternen. Manchmal werden sie von Gewittern durcheilt, und die Blitze gleiten den Dünen entlang, lassen den Himmel erbleichen und streuen auf den Sand und in die Augen orangeglühende Schimmer.

Doch dies kann man nicht mitteilen. Man muß es erlebt haben. Soviel Einsamkeit und Größe prägen das unvergeßliche Antlitz dieser Landschaft.

Albert Camus

Ich blicke nun auf die Linie des Horizontes, die schon ganz erhellt ist von der heraufkommenden Sonne. Der Sand nimmt eine andere Farbe an, der Himmel verliert ein wenig von seiner Durchsichtigkeit.

Das Ganze kommt mir nicht mehr vor wie die Schöpfung an ihrem Beginn, sondern an ihrem Ende. Der Sand, der mir durch die Finger rinnt, ist wie das, was von einer vergangenen Geschichte bleibt, von den Kulturen, die einmal in dieser Wüste Sahara blühten.

Einige dieser Kulturen haben Reste hinterlassen, in Form von Inschriften etwa, die man da und dort gefunden hat.

Städte und Dörfer sind nunmehr zu Staub geworden. Sonne und Wind haben sie in Sand verwandelt, in Hügel und Berge von Sand. Nichts hat dem Rhythmus der Zeit widerstehen können, nichts hat standgehalten vor dem Wind, der selbst Granit auflöst.

Wird etwa unsere technisierte Welt, unsere heutige Wirklichkeit standhalten können? Und die Kulturen, die nach uns kommen, werden sie bleiben im Fluß der Zeit, trotz Sonne und Wind?

Nein, sicher nicht: New York und Paris, Moskau, Peking, Athen und Rom, all diese Städte werden einmal sein wie jene Sanddünen.

Es braucht nur Kälte anstelle von Wärme zu treten, die Kälte des Endes der Welt. Alles wird zu Sand werden, denn der Sand ist das Sinnbild fur den Tod. Alles muß aber sterben.

Manche sind der Auffassung, es könne eine Verbindung, besser: eine Kontinuität, geben zwischen vollendeter Technik, die von Menschen bewerkstelligt wird, und dem Reich Gottes. Es gibt sie nicht. Das Reich Gottes ist etwas ganz anderes. Wenn es eine Verbindung gibt, dann ist es die der Zeichenhaftigkeit. Oder es ist die Verbindung der Liebe, mit der wir diese unsere irdische Welt errichtet haben.

Die neuen Himmel und die neue Erde, uns verheißen vom Geist, werden tatsächlich neu sein, nichts Altes, das man nur neu hergerichtet hat. Gott erwartet von uns nicht, daß wir Himmel und Erde neu schaffen. Seine neue Schöpfung hängt nicht ab von der kulturellen und technischen Stufe, die wir gerade erreicht haben.

Carlo Carretto

Doch werfen wir einen Blick auf die Wüsten von heute! Was ist aus den Wüsten von damals geworden? Sie haben sich in die Geburtsstätten einer neuen, Schrecken erregenden Schöpfung verwandelt, in die Versuchsgelände einer Energie, mit deren Hilfe der Mensch versucht, das ungeschaffen zu machen, auf dem Gottes Segen ruht. Heute, in der Epoche der bedeutendsten menschlichen Errungenschaften auf dem Gebiet der Technik, enthüllt sich das wahre Antlitz der Wüste. Der Mensch bedarf seines Gottes nicht mehr. Dank eigener Hilfsquellen ist es ihm nunmehr möglich, in der Wüste zu leben. Dort kann er jetzt seine vermessenen, abgesicherten Hochburgen der dunklen Abgeschiedenheit, des Experimentierens, ja des Lasters errichten. Diese gleißenden Städte, die über Nacht aus dem Boden der Wüste emporschießen, sind keine Abbilder jener Gottesstadt mehr, die vom Himmel auf die Erde herabsteigt, um die ganze Welt mit dem strahlenden Licht des Friedens zu erfüllen. Ja, ihre Aufbauten stellen nicht einmal eine Nachahmung des Turmbaus von Babel dar, der sich einst in der Wüste von Senaar erhob, auf daß »dessen Spitze bis an den Himmel reiche und der Mensch sich einen Namen mache«(Genesis 11,4). Es sind Städte düsterer Geheimnisse, wo der Bruder den Mitbruder mit Argwohn verfolgt; Städte, durch deren Adern, künstlichem Blut gleich, der Mammon rollt; Städte, aus denen das letzte und grauenvollste Ungeheuer der Zerstörung geboren wird.

Bringen wir es fertig, dabei zu stehen und dem Emporschießen dieser Städte unbeteiligt zuzusehen ohne das Verlangen nach der Läuterung des eigenen Herzens? Wenn sich der Mensch mit seinem Mammon und seinen Maschinen in die Wüste aufmacht, um dort seine Wohnstatt aufzuschlagen, dort aber nicht mit dem Teufel ringt, wie es Christus getan hat, sondern vielmehr an Satans Verheißung der Macht und des Reichtums glaubt und vor Luzifers Wissen und Erkennen anbetend in den Staub sinkt, dann ist der Zeitpunkt gekommen, da die Wüste selbst auszieht aus ihrem Land, um auch den letzten Winkel dieser Welt zu durchsetzen, zu zersetzen. Dann kriecht der Wüstensand wahrlich in alle Poren der Erde. Über die ganze Welt hin ergießt sich dann das Reich der Einsamkeit, wo es dem Menschen aufgetragen ist, Buße zu tun, mit dem Widersacher zu ringen und mit der Gnade Gottes sein Herz zu läutern.

Die Verzweiflung hatte ihre Heimat in der Wüste. Nun aber ist sie aufgebrochen, um an allen Orten der Welt beheimatet zu sein. Niemals dürfen wir uns von der Annahme verleiten lassen, daß unsere innere Einsamkeit mit dem Ja zur eigenen Niederlage gleichzusetzen sei. Es gibt auch dann kein Entrinnen, wenn wir im stummen Ja der Verzweiflung zum Opfer fallen. Die Verzweiflung ist ein Abgrund, der ins Bodenlose reicht. Wir dürfen nicht meinen, ihn füllen zu können, indem wir uns der Verzweiflung preisgeben oder zu vergessen suchen, daß wir ihr unser Jawort gegeben haben.

Unsere Wüste besteht also darin, im Angesicht der Verzweiflung zu leben, jedoch ohne daß unser Mund das Jawort zu ihr spricht.

Thomas Merton

Die Sterne waren das große Ereignis der Nacht. Der Tag war öd unter der Feuerwalze des Lichts, aber die Nacht ging jedesmal auf als welttheatralisches Wunder. Sternenwind wehte herein.

Viele Stunden liefen wir, Paul und ich, dann im fahlweißen Sande kreisum. Paul, der den Sternen nichts abgewann, sah in den Sand und redete, ein Prediger der Wüste, in der ausnahmsweise viel Publikum war. Aber es hörte nicht zu.

Auch ich hörte oft nur mit halbem Ohr. Ich lag, während er sprach, im Sand und starrte in die Sternenräume hinaus. Denn die Sterne muß man im Liegen betrachten, die Horizonte müssen versunken sein. Man muß nicht die Vorstellung haben: Himmelsoben und irdisches Unten; besser ist es, zu denken, man sehe von einem Balkon in ein Weltraumdraußen hinaus. Das Theater der lodernden Feuer zog da vorbei, jede allnächtliche Nacht, wie Musik, von der wir leider nur das Schauspiel wahrnahmen. Das Kreisen rief die Empfindung von Orgeltönen hervor. Wenn sich die Bilder zum Zenit erhoben, schwoll es zu mächtiger Stärke heran und stieg zu immer höherer Höhe; wenn sie sich zum Untergang neigten, schwanden die Harmonien dahin. Andere Akkorde, andere Bilder stiegen dann auf.

Wenn wir das Tönen auch nicht vernahmen, so durchdrang es uns doch Nacht für Nacht so, wie einen eine Lehre durchdringt: daß dies Sternenkreisen ein Schauspiel ist und, was auf Erden geschieht, nur ein Abbild davon, und daß beides nur Gleichniswert hat.

Stunden um Stunden allnächtlich liefen und lagen und sprachen und starrten wir so. Im Dahinflug der Zeit schien uns das Kreisen und Schleudern zum dramatischen Vorgang gerafft. Fünf, sechs oder acht Stunden der Nacht rannen uns durch die Finger wie nichts, ohne daß wir etwas anderes empfanden als das Wohlgefühl dieses Verrinnens: so wie man Wasser des Brunnenstrahls über die Hand laufen läßt, der Mond scheint darauf und prägt es zu rollendem Silber. Die Zeit rann durch uns hindurch.

Schon lebe ich wieder, ohne daß mich Nacht für Nacht dieser Sternenanblick und dieses Verrinnen ernährt. Und ich glaubte damals, es nie mehr entbehren zu können, dieses Kreisen, dieses Orgelgebraus. Und ich kann es auch nicht, kann es auch nicht entbehren und bin ärmer geworden.

Ich begann, die einzelnen Himmelsbilder zu lieben. Ich liebte es, daß es Bilder waren; Bilder sind das einzige, wodurch das Unfaßbare zu uns spricht, nur durch Bilder schlüpft es in uns hinein. Obgleich die neuere Astronomie mehr erkannt hat als hundert Generationen vor ihr: wir beginnen zu fürchten, daß sich anderes dafür verschloß. Jedem ist jetzt erlaubt, darüber zu lachen, daß man Sonnen, die Lichtjahrhunderte auseinander sind, zu einem Sternbild vereint, bloß weil man sie zufällig von unserem Planeten in der und jener Ordnung erblickt. Was aber haben wir eingetauscht für die verlorene Magie der verlorenen Bilder? Wir wissen es besser als früher, der alte Glaube ist fort. Aber wo ist ein neuer?

Erhart Kästner

Die Wüste erprobt die Geschickten und die Einöde prüft die Lässigen. Auf dem Boden der ebenen Erde, da kämpfen die Helden. Nicht in den Städten errichtet man Zielstationen und schießt dann mit Pfeilen und Geschossen, sondern die Kunst des Bogenschießens wird in der Wüste erlernt und auf ebener Erde rennen die Pferde. Aus dem gleichen Grunde ziehen auch die Gerechten die Wüste vor und lieben die Berge, welche geräumig sind und günstig für den geistlichen Kampf …

Selig seid ihr, Bewohner der Wüste, die ihr zwischen den Felsen und in Höhlen wohnt, denn ihr seid ferne von den Verbrechen, die in den Städten begangen werden, und niemand begeht Ungerechtigkeit und Unterdrückung an Orten, an welchen ihr wohnt …

Siehe Furcht herrscht im Gebiete der Zivilisation und Verwirrung in den Städten, in euren Höhlen dagegen herrscht Ruhe und in der Wüste blüht der Friede.

Isaak von Antiochien † 460/461

Der Sonnengesang des Echnaton

Dein Aufleuchten ist schön am Rande des
Himmels,
Sonne, die du warst, ehe anderes war.
Wenn du aufstrahlst, füllst du die Länder mit
Glanz.
Deine Strahlen umfangen, was du gemacht hast.

Unendlich fern, bist du nah.
Deine Spur ist der Tag.
Gehst du unter, so ist die Erde, als wäre sie tot.

Du bannest die Nacht.
Auf deinen Wink gehen die Menschen freudig
ans Werk.
Das Vieh weidet zufrieden, die Bäume erblühen,
die Vögel erheben sich über die Sümpfe
und beten mit eifrigen Flügeln.

Schiffe befahren den Strom,
Straßen schimmern unter dir auf,
Fische durchbrechen den Spiegel des Meeres,
den du bestrahlst.

Du schufst Menschen und Vieh,
alles, was auf Erden umhergeht,
die Länder Syrien und Nubien, das Land Ägypten.
Du gabst den Menschen verschiedene Zungen.
Du schufst den Nil, der aus der Unterwelt quillt,
du hast einen Nil an den Himmel gesetzt,
daß er die Felder benetze.
Herrlich sind deine Pläne, du Herr der Ewigkeit!
Der Nil von oben ist für die Fremdländer,
der untere Nil für Ägypten.

Deine Strahlen wecken alle Gärten zum Leben.
Du machst die Jahreszeiten, Winterkühle und
Sommerhitze,
Millionen von Gestalten hast du aus dir gemacht.
Aus Städten und Dörfern, von Straßen und
Strömen
heben sie Blicke zu dir,
der du strahlend über der Erde dahingehst.

Du bist in meinem Herzen,
keiner ist, der dich wahrhaft erkennt,
außer deinem Sohn Echnaton.
Ihn hast du schauen lassen,
daß die Welt in deiner Hand ist.
Du bist das Leben, jeder lebt durch dich.

Es war Abend; hinter dem geraden Rücken des Sinai ging die Sonne unter. Ihre Scheibe schien heute meinen Augen allzu strahlend, denn ich war meines Lebens zum Sterben überdrüssig und sehnte mich wie selten vorher nach den verdeckten Himmeln Englands. Dieser Sonnenuntergang war gewaltig, aufreizend, barbarisch; er belebt wie ein frischer Trunk die Farben der Wüste, wie er es ja wirklich jeden Abend tat in einem neuen Wunder aus Kraft und Glut. Ich aber sehnte mich nach Schwäche, Kälteschauern und grauem Nebel, damit die Welt nicht so kristallklar erschien, so präzise richtig und falsch.

T.E.Lawrence von Arabien

Manchmal begibt sich die Seele auf eine jener gefährlichen mystischen Reisen, die, nach Zeiten der Läuterung und Erleuchtung, in Augenblicken der überwältigenden Einswerdung mit Gott kulminieren. Es sind Erfahrungen, die die Mystiker, gezwungen durch die Armut der Sprache, in der Terminologie profaner Liebe beschreiben: Es handelt sich um persönliche, intime Begegnungen, von deren Möglichkeiten man … nichts mehr ahnt.

Patrick Leigh Fermor

Entscheidung

Das Leben ist eine einzige Krise. Vom Anfang bis zum Ende. Krise heißt Zeit der Entscheidung, Zeit der Offenheit für neue Lösungen. Krise braucht Mut, Kraft, Tapferkeit, Stärke. Immer stellen sich neue Fragen, auf die wir eine Antwort finden müssen. Die richtige Antwort, wenn es möglich ist. Und immer haben wir die Hoffnung, dass es gut ausgeht.

Wir müssen uns entscheiden für oder gegen Menschen. Wir müssen wählen, auswählen. In der Liebe, in unseren Freundschaften, in unseren Geschäften. Und wir müssen uns entscheiden für oder gegen Sachen: für Kleider, Fahrzeuge, Meinungen und Parteien, für eine Weltanschauung.

Entscheiden müssen wir uns auch zwangsläufig in Situationen und Umständen, die wir nicht selber geschaffen haben. »Schicksal« sagen wir dann. Und fragen: Wer hat geschickt? Die Wahl ist ein Grundmuster unseres Lebens. Keine Entscheidung ist auch eine Entscheidung.

Entscheidungen brauchen Zeit. Manche Entscheidung braucht eine Ewigkeit. Wenn man Menschen zumutet, in immer kürzerer Zeit immer schnellere Entscheidungen zu treffen, werden sie krank, können dem Dauerstress nicht mehr standhalten.

In der Wüste ist eine Entscheidung besonders schwer. Orientierungspunkte fehlen, Spuren verwehen, Stürme machen mürbe, Hitze am Tag dörrt aus, Kälte in der Nacht lässt frieren. Die Extreme sind hart.

In jeder unserer Entscheidungen ist mehr verborgen als das, wofür oder wogegen wir uns entschieden haben. In jeder Entscheidung liegen ein Überschuss und ein Defizit zugleich. Die Folgen sind nie ganz abzuschätzen, die Kosten nie ganz genau im Voraus zu berechnen.

Wenn wir uns entscheiden, liefern wir uns aus, gehen ein Risiko ein, geben uns hin.

Am liebsten sind uns rationale Entscheidungen auf dem Grund durchdachter Argumente. Aber selten sind sie zu haben. Immer wieder gewinnt das Gefühl die Oberhand. Das Herz hat seine Gründe, die unser Verstand nicht kennt. Und doch: Keine Entscheidung ist grundlos. Wo liegen die Gründe, die Abgründe unserer Entscheidungen? Wir wissen es nicht!

Entscheidungen zwingen uns immer dazu, Neues zu wählen. Wir können nie etwas beim Alten lassen.

Es gibt Entscheidungen, auf die wir überhaupt keinen Einfluss haben. Niemand hat uns je gefragt, ob wir geboren werden wollten oder ob wir sterben wollen. Und dennoch wurden wir geboren. Und dennoch werden wir sterben müssen. Andere haben für uns entschieden und entscheiden für uns. Es gibt kein Entrinnen. Sich darein zu fügen, ins Unausweichliche, ist auch eine Entscheidung. Oft die schwerste von allen.

Unsere Entscheidungen sind bestimmt und durchwirkt von Hoffnungen und Ängsten. War es richtig oder falsch, wozu oder wogegen wir uns entschieden haben? Was tun wir, wie verhalten wir uns, wenn wir enttäuscht werden, wenn wir erfahren, dass wir getäuscht worden sind?

Sicher ist: Jede Entscheidung verändert uns, verändert andere, verändert unsere Welt.

Worauf es ankommt? Wir müssen begreifen, dass in der kurzen Zeit, die wir zu leben haben, immerzu das Letzte auf dem Spiele steht. Und dass wir uns entscheiden müssen.

Das Wort »Wüste« ist freilich mehr als ein geographischer Ausdruck, der uns einen unbewohnten, ausgedorrten, unfruchtbaren und leeren Landstrich vor Augen führt.

Wer sich vom Geist führen läßt, der das Wort Gottes beseelt, für den ist »Wüste« die schweigende Suche nach Gott, ein Wurfseil, das die in Gott verliebte Seele über den finsteren Abgrund der eigenen Gedanken wirft, über die bizarren, tiefen Klüfte der Versuchung, über die bodenlosen Schluchten der Ängste, die den Weg zu Gott ungangbar machen.

»Ja, eine solche schweigende Wüste ist heilig und ist ein Gebet über jedes Gebet hinaus, das zur fortwährenden Gegenwart Gottes führt und zu den Höhen der Kontemplation, wo die endlich befriedigte Seele aus dem Willen dessen lebt, den sie ganz, absolut, fortwährend liebt.«

Ich sagte schon, das Wort Wüste bedeutet weit mehr als einen geographischen Ort. Die Russen, die sich darauf verstehen und darin Meister sind, nennen sie »pustinia«.

Pustinia kann einen geographischen Ort bezeichnen, zugleich aber auch einen Ort, wohin die Wüstenväter sich zurückgezogen haben, es kann auch Einöde bedeuten, irgendeinen ruhigen Ort, wo man, wie die in Amerika lebende russische Mystikerin Catherine de Hueck Doherty sagt, »die Arme im Gebet zu Gott erheben kann... Die Wüste ist der Ort, wo wir Mut fassen können, wo wir mit unseren Worten die Wahrheit sagen, weil es uns bewußt ist, daß Gott die Wahrheit ist. Die Wüste ist der Ort, wo wir uns läutern und uns zum Handeln rüsten, als würden wir mit der glühenden Kohle berührt, die der Engel auf die Lippen des Propheten legte.«

Carlo Carretto

Das Wüstenklima ist das heftigste Klima der Welt. Die große Stufe zwischen der Hitze des Tags und der Kühle der Nacht ist eine starke Belastung. Da die Atmosphäre keine Feuchtigkeit hat, sind keine Wolken da, die die Erde bekleiden, um sie vor der heftigen Sonne zu schützen oder die Wärme ein wenig zu halten. So ist der Boden wie die Platte eines eisernen Herds. Wenn ihn die Sonne bestrahlt, wird er schnell heiß: das ist schon ein paar Minuten nach Sonnenaufgang. Und wenn abends die Sonne versinkt, wird es im Augenblick kühl. Das Land strahlt seine Wärme in die klaren Himmelsweiten hinaus, unfähig, sie an sich zu halten.

Am schwierigsten waren die Tage im Jahr, an denen die Sandstürme einfielen. Sie kamen mit einem südwestlichen Wind aus der Libyschen Wüste, dem sogenannten Chamsin, und mit einem nordöstlichen aus der Syrischen Wüste. Beide brachten schlimme Tage, gewöhnlich zwei oder drei hintereinander. Man hatte Kopfschmerzen und eine flatternde Unruhe, die Luft war wie von einem Nebel erfüllt: es war nur Staub, feinster Sand. Die Sonne war nur noch ein milchiger Schein, es war stürmisch, man atmete schwer, und alles, auch gut verschlossene Sachen, füllten sich mit dem staubfeinen Sand.

Regen gab es nur zwei oder drei Male im Jahr, und jeweils nur kurz, eine halbe Stunde lang, tropisch heftige Güsse. Es war Voraussetzung für die architektonischen Künste im Zelt, daß kein Regen eindrang. Das war aber nicht leicht zu vermeiden. Das Regenwasser, das in den festgebackenen Boden nicht einsickern konnte, wollte irgendwohin und suchte sich unvorhergesehene Wege. Es ließ sich schwer voraussagen, was dann im Sinne des Wassers ein Flußtal war. In Rinnen und Mulden, die nur wenige Handbreit tiefer lagen als anderes Land, entstanden plötzlich reißende Bäche. Eine Zeltreihe, die dann zufällig dort stand, wurde im Nu überschwemmt, in die Zelttiefen stürzte das Wasser hinein, es konnte nachts sein, es gab ja kein Licht, und die Sandarchitekturen schmolzen in Augenblicken dahin.

Da aber zeigte sich, was im Süden eine Hauskatastrophe im Vergleich zu unseren Breiten bedeutet. Wasser brach ein, die Betten trieben umher, die Habseligkeiten schwammen, und was man Haus genannt hatte, war eben dahin. Da aber die Sonne am nächsten Morgen mit Sicherheit wiederum schien, trockneten die Betten auch wieder, das

Haus wurde aus Sand und Wasser wieder erbaut, und was die Habseligkeiten betraf, so war der Schaden nicht schlimm, weil man ja fast keine hatte.

Denn wenn wir uns arm nennen mußten, so ist das recht zu verstehen. Natürlich waren wir arm. Was jeder besaß, konnte er leicht unterm Arme forttragen, samt seinem strohenen Bett. Aber der wahre Arme ist der, der mehr wünscht, als er hat. Unserer Armut fehlte die Bitternis. Bei unserem Mangel war keine Sorge, kein Kummer erwuchs unserer Not. Was kam, reichte notdürftig hin, und es kam wie von selbst, wie das Wetter, das Morgen und die künftige Zeit.

Not wie Reichtum verwirrt. Dem Elend redet niemand das Wort. Mit der Genügsamkeit aber sollte man es versuchen.

Erhart Kästner

Mein Herr und mein Gott! Ich weiß nicht, wohin ich gehe. Ich sehe den Weg nicht, der vor mir liegt. Ich weiß nicht sicher, wohin er führt. Auch kenne ich mich im Grunde selbst nicht recht. Und obwohl ich glaube, Deinem Willen zu entsprechen, bedeutet das noch nicht, daß ich ihn tatsächlich erfülle. Ich glaube aber, daß das Verlangen, Dir zu gefallen, Dir im Grunde wohlgefällig ist. Ich hoffe, daß ich in allem, was ich tue, diesem Verlangen treu bleibe. Ich hoffe, daß ich niemals etwas tun werde, das außerhalb dieses Verlangens liegt. Wenn ich so handle,

weiß ich, daß Du mich auf dem rechten Weg führen wirst, auch wenn ich ihn gar nicht kenne. Deshalb will ich mein Vertrauen jederzeit auf Dich setzen, obwohl es mich zuweilen dünkt, verloren zu sein und im Schatten des Todes zu weilen. Ich will mich nicht fürchten, denn Du bist ja bei mir, und inmitten der Gefahren, die auf mich andrängen, verläßt Du mich nicht.

Thomas Merton

Ich will dir die Augen öffnen über das Trugbild der Insel. Denn du glaubst, in der Freiheit der Bäume, der Wiesen und Herden, in der Begeisterung, die die Einsamkeit der großen Räume erweckt, in der Inbrunst zügelloser Liebe werdest du aufrecht emporwachsen wie ein Baum. Aber die Bäume, die ich am aufrechtesten wachsen sah, sind nicht solche, die in der Freiheit gedeihen. Denn diese haben keine Eile, größer zu werden, sie trödeln bei ihrem Aufstieg und steigen nur in Windungen hoch. Während der Baum des Urwaldes, von den Feinden bedrängt, die ihm seinen Platz an der Sonne rauben, mit der Dringlichkeit eines Anrufs in senkrechtem Schwunge den Himmel erstürmt.

Denn du wirst auf deiner Insel weder Freiheit noch Begeisterung noch Liebe finden. Und wenn du dich auf lange Zeit in die Wüste zurückziehst (denn es ist etwas anderes, wenn du dich dort vom Betrieb der Städte erholst), weiß ich nur ein Mittel, sie für dich zu beleben, dich in ihr in Atem zu halten und sie zum Nährboden deiner Begeisterung zu machen. Und das ist, daß ich ein Gefüge von Kraftlinien über sie ausspanne. Mögen sie nun der Natur oder dem Reiche angehören.

Und ich werde das Netz der Brunnen karg genug einrichten, damit du auf deiner Wanderung einem jeden von ihnen mehr zustrebst, als du ihn erreichtest. Denn um den siebenten Tag herum muß man mit dem Wasser in den Schläuchen sparen. Und diesen Brunnen mit aller Kraft zu erreichen trachten. Und ihn durch seinen Sieg gewinnen. Und gewiß wird man Reittiere einbüßen, um diesen Raum und diese Einsamkeit zu überwinden, denn das wird den Preis freiwilliger Opfer wert sein. Und jene versandeten Karawanen, die den Brunnen nicht gefunden haben, zeugen von seinem Ruhme. Und über ihren Gebeinen strahlt er unter der Sonne.

So rufst du in der Stunde des Aufbruchs dein besseres Ich an, wenn du die Lasten nachprüfst, an den Stricken ziehst, um festzustellen, ob die Waren richtig ausgelastet sind, und den Stand der Wasservorräte untersuchst. Und dann wanderst du deinem fernen Lande entgegen, das jenseits der Sandwüsten von Wassern gesegnet wird, und erklimmst die Sprossen zwischen dem einen und dem anderen Brunnen wie Sprossen einer Leiter; und da es einen Tanz zu tanzen und einen Feind zu besiegen gilt, bist du im Zeremoniell der Wüste gefangen. Und zugleich mit deinen Muskeln bilde ich dir eine Seele.

Wenn ich dir aber die Wüste noch reicher machen will, wenn dich die

Brunnen mit noch größerer Gewalt wie Pole anziehen und abstoßen sollen, bis die Einöde zu einer Schöpfung deines Geistes und deines Herzens wird, werde ich sie dir mit Feinden bevölkern. Sie werden die Brunnen besetzt halten, und so mußt du Listen gebrauchen, kämpfen und siegen, wenn du trinken willst. Und je nachdem, ob die Stämme, die hier und dort ihre Zelte aufschlagen, grausamer oder weniger grausam, der Einsicht zugänglicher oder undurchdringlich in ihrer Sprache, besser oder schlechter bewaffnet sind, werden deine Schritte behender oder behutsamer, verschwiegener oder lauter sein, werden die Entfernungen schwanken, die du an den Marschtagen zurücklegst, obwohl es sich um eine Fläche handelt, die für das Auge an allen Punkten die gleiche ist. Und so wird eine unermeßliche Weite mit Spannung geladen und reich an Abwechslung werden; so wird sie verschiedene Färbungen annehmen, während sie zuvor gelblich und eintönig war, und für deinen Geist und dein Herz mehr Gestalt gewinnen als jene glücklichen Länder, in denen sich die frischen Täler, die blauen Berge, die Seen mit süßem Wasser und die Wiesen finden.

Denn dein Schritt hier ist wie der Schritt eines zum Tode Verurteilten, dort wie der eines Befreiten; hier zeugt er von einer Überraschung, dort von der Überwindung einer Überraschung. Hier von einer Verfolgung und dort von einer aufmerksamen Zurückhaltung wie in der Kammer, in der sie schläft und in der du sie nicht wecken willst.

Und freilich wird sich auf den meisten deiner Reisen nichts ereignen, denn es genügt, daß jene Unterschiede für dich Geltung haben und daß das Zeremoniell, das aus ihnen hervorgeht, begründet und notwendig und unumschränkt ist und so der Güte deines Tanzes zugute kommt. Dann wird sich das Wunder ereignen, obgleich einer, den ich deiner Karawane zuteile, wenn er nicht deine Sprache versteht und nicht an deinen Ängsten, deinen Hoffnungen, deinen Freuden teilhat, wenn er lediglich wie der Führer deiner Reittiere auf Gesten beschränkt ist, nur die leere Wüste kennenlernen wird; so wird er die ganze Zeit gähnen, während er eine endlose Fläche durchquert, die ihm nur Langeweile einflößt; und nichts in meiner Wüste wird diesen Reisenden verändern. Der Brunnen wird ihm nur als ein Loch mit mäßigem Umfang erscheinen, das man vom Sand freischaufeln muß. Und was wird er von der Langeweile erfahren haben, da sie ja ihrer Natur nach unsichtbar ist. Denn sie

besteht nur aus einer Handvoll Samenkörner, die die Winde verweht haben, obwohl sie genügt, um für den, der in sie verstrickt ist, alles zu verwandeln, so wie das Salz ein Festmahl verwandelt. Und wenn ich dir nur die Spielregeln meiner Wüste zeige, gewinnt die solche Macht über dich und nimmt dich so sehr gefangen, daß du noch so gemein, eigensüchtig, verkommen und skeptisch sein kannst, wenn ich dich in den Vororten meiner Stadt oder den Sümpfen meiner Oase auflese: Ich brauche dir nur eine einzige Durchquerung meiner Wüste aufzuerlegen, damit der Mensch in dir zum Vorschein kommt, wie ein Samenkorn, das aus seiner Hülse bricht, und damit sich dir Geist und Herz entfalten. Und so wirst du nach deiner Wandlung in aller Herrlichkeit zurückkeh-

ren und gerüstet sein, das Leben der Starken zu leben. Und wenn ich mich darauf beschränkt habe, dich an der Sprache der Wüste teilhaben zu lassen, denn das Wesentliche kommt nicht von den Dingen, sondern vom Sinn der Dinge, wird sie dich wie eine Sonne keimen und wachsen lassen.

Du wirst sie durchqueren wie ein wunderbares Wasser. Und wenn du am anderen Ufer wieder hochsteigst, lachend, männlich und berückend, werden sie dich gewiß erkennen, die Frauen, dich, den sie suchten, und du brauchst sie dann nur zu verachten, um sie zu gewinnen.

Wie töricht ist einer, der das Glück der Menschen in der Befriedigung ihrer Wünsche suchen möchte und der glaubt, da er ihnen zusah, wie sie ihres Weges zogen, es komme den Menschen vor allem darauf an, ihr Ziel zu erreichen. Als ob es jemals ein Ziel gegeben hätte.

Daher sage ich dir, daß für den Menschen zuerst und vor allem die Spannung der Kraftlinien, an denen er teilhat, von Bedeutung ist, und weiter seine eigene Dichte, die sich daraus herleitet, der Widerhall seiner Schritte, die Anziehungskraft der Brunnen und die Schroffheit des Hanges, den er im Gebirge erklimmen muß. Und wenn der, der ihn zu erklimmen vermochte, durch die Kraft seiner Fäuste und die Abnutzung seiner Knie eine Felsnadel bezwungen hat, wirst du doch nicht behaupten wollen, seine Freude sei von der gleichen minderwertigen Beschaffenheit wie die Freude jenes Seßhaften, der sich auf der leicht erreichbaren Kuppe eines runden Hügels im Grase wälzt, wohin er an einem Ruhetage seinen trägen Leib geschleppt hat.

Du aber hast alle Spannung ertötet, da du jenen göttlichen Knoten auflöstest, der die Dinge verknüpft. Denn du sahst, daß sich die Menschen abmühten, um zum Brunnen zu gelangen, und so glaubtest du, es komme auf die Brunnen an, und hast ihnen Brunnen gebohrt. Denn du sahst, daß die Menschen am siebenten Tage nach Ruhe verlangten, und so hast du ihre Ruhetage vermehrt. Denn du sahst, daß die Menschen Diamanten begehrten, und so hast du einen Haufen Diamanten unter sie verteilt. Denn du sahst, daß die Menschen den Feind fürchten, und so hast du ihre Feinde beseitigt. Denn du sahst, daß die Menschen nach dem Liebesgenuß Verlangen tragen, und so hast du ihnen Freudenviertel so groß wie Hauptstädte gebaut, in denen alle Frauen käuflich sind. Und du hast dich auf diese Weise törichter gezeigt als jener alte Kegelspieler, von dem ich dir schon einmal sprach, und der seine Lust vergebens daran suchte, daß er sämtliche Kegel durch Sklaven umstoßen ließ.

Aber ich glaube nicht etwa, ich hätte dir gesagt, es gelte, deine Wünsche zu pflegen. Denn wenn sich nichts in ihnen regt, entstehen auch keine Kraftlinien. Und wenn der Brunnen dir nahe ist, wünschst du ihn freilich herbei, wenn du verdurstest. Aber wenn er dir aus irgendeinem Grunde unerreichbar bleibt und du nichts von ihm empfangen und ihm auch nichts geben kannst, ist es genauso, als wenn dieser Brunnen nicht vorhanden wäre. So ist es auch mit jener Vorübergehenden, der du auf deinem Wege begegnest und die nicht für dich bestimmt ist. Die trotz der Nähe noch ferner ist, als wenn sie in einer anderen Stadt lebte und anderswo verheiratet wäre. Ich verwandle sie dir, wenn ich weiß, daß sie dir als Element eines ausgebreiteten Gefüges dienen kann. Und daß du zum Beispiel davon träumen könntest, wie du des Nachts mit einer Leiter unter ihrem Fenster zu ihr gelangst, um sie zu entführen und sie auf dein Pferd zu werfen und dich in deinem Schlupfwinkel an ihr zu erfreuen. Oder wenn du Soldat bist und sie Königin, und du hoffen kannst, für sie zu sterben.

Schwach und erbärmlich ist die Freude, die du aus falschen Gefügen gewinnst, wenn du sie dir zum Spiele erfindest. Denn wenn du einen Diamanten liebst, würde es dir genügen, ihm mit kleinen Schritten immer langsamer entgegenzugehen, um ein erhabenes Leben zu leben. Doch wenn dein langsamer Gang zum Diamanten auf einem Ritus beruht, der dich in Schranken hält und es dir verwehrt, schneller zu gehen; wenn du mit aller Kraft gegen ihn ankämpfst und meine Zügel spürst, die dir Einhalt gebieten; wenn dir der Zugang zum Diamanten weder unbedingt verwehrt ist, dann würde dies seine Bedeutung verlieren und in ein belangloses Schauspiel verwandelt werden, noch dir leicht fällt, das würde nichts aus dir herausholen, aber auch nicht nur infolge eines törichten Einfalls Hindernissen begegnet, das wäre nur ein Zerrbild des Lebens, sondern wenn dieser Zugang einfach auf einem starken und vielfältigen Gefüge beruht, erst dann bist du reich. Und ich weiß nichts Besseres als deinen Feind, um dich zu begründen, und ich gewahre nichts, was dich dabei überraschen könnte, denn ich sage lediglich, das zum Kriege führen Zwei gehören.

Denn dein Reichtum besteht im Brunnenbohren, im Erlangen eines Ruhetages, im Schürfen von Diamanten, im Gewinnen der Liebe.

Aber er besteht nicht darin, Brunnen, Ruhetage, Diamanten und die Freiheit der Liebe zu besitzen. Ebenso beruht er nicht darauf, daß du nach diesen Dingen verlangst, ohne sie zu erstreben.

Und wenn du Verlangen und Besitz wie Worte, die sich die Zunge zeigen, einander gegenüberstellst, verstehst du nichts vom Leben. Denn deine Wahrheit, die dir als Mensch eigen ist, beherrscht ihren Gegensatz, und es liegt darin nichts Widersprechendes. Das Verlangen muß seinen vollkommenen Ausdruck finden, und du mußt nicht auf unsinnige Hindernisse, sondern auf das Hindernis des Lebens selber stoßen, auf den anderen Tänzer, deinen Rivalen, dann entsteht der Tanz. Sonst bist

du ebenso töricht wie einer, der »Kopf oder Schrift« gegen sich selber spielt.

Wenn meine Wüste zu reich an Brunnen sein sollte, müßte ein Befehl Gottes ergehen, um einige von ihnen zu sperren.

Denn die erschaffenen Kraftlinien müssen dich von höherer Warte aus beherrschen, damit dir deine Neigungen, deine Spannungen und deine Handlungen darin begegnen, aber sie müssen auch, da sie nicht alle gleich gut sind, etwas anderem gleichen, das zu verstehen nicht deine Sache ist. Deshalb sage ich dir, daß es ein Zeremoniell der Brunnen in der Wüste gibt.

Erhoffe also nichts von der glücklichen Insel, die für sich einen auf ewig abgeschlossenen Vorrat darstellt, gleich jener Ernte der umgestoßenen Kegel. Denn du würdest darin zum mürrischen Vieh werden. Und wenn es mein Wille ist, daß die Schätze der Insel, die dir voller Zauber erscheinen, seit du des Nachts auf sie trafst, in dir einen Widerhall wecken sollen, werde ich dir eine Wüste erfinden und diese Schätze je nach den Linien eines Gesichts, das nicht von gleicher Beschaffenheit wie die Dinge ist, in der Weite verteilen. Und wenn ich dir deine Insel erhalten möchte, werde ich dir ein Zeremoniell für die Schätze der Insel zum Geschenk machen.

Antoine de Saint-Exupéry

Besser sollte man sagen: die Wüste setzt nicht nur neue Maßstäbe, sie ist in ihrer Grenzenlosigkeit und Unermeßlichkeit selbst der neue und allein zuständige Maßstab. Das Begrenzte zeigt sich in der Erfahrung des Unbegrenzten in ganz neuem Licht, in neuer Gestalt und Perspektive. Gerade so ist die Wüste Symbol für das »Unendliche«, mehr: für den »Unendlichen«.

Ist das der Grund, warum die »maßgebenden Menschen«, die, welche von Gott her eine besondere Sendung an die anderen haben, zuvor in die Wüste müssen, um neu sehen zu lernen, um das Endliche im Lichte des Unendlichen neu zu verstehen, um die gewohnten Geleise und Maßstäbe zu lassen und sich dem grenzenlosen Geheimnis der Weite und des Schweigens zu überlassen: Mose, Elija, Paulus und Jesus? Und nach ihm die unübersehbare Schar derer, welche je in ihrer Zeit die verkrustete Kirche aufbrachen und neue Impulse in die etablierte Christenheit brachten. Alfred Delp hat dies in der Todeszelle in einem Gebet formuliert: »Herr, laß mich erkennen, daß die großen Aufbrüche der Menschheit und der Menschen in der Wüste entschieden werden. Herr, ich weiß, es steht schlimm um mein Leben, wenn ich die Wüste nicht bestehe oder die Einsamkeit meide.«

Es waren immer die Einzelnen, Einsamen, die »aus der Wüste« kamen, welche den Funken neuen Lebens und neuen Sehens wachhielten oder wieder entfachten: Antonius kommt aus der Libyschen Wüste, da die Menschen zu ihm strömen als zu einem, der »in tiefe Geheimnisse eingeweiht und gotterfüllt ist«(Vita Antonii); und er ist es, der die gewaltige Bewegung des Mönchtums in der Christenheit mit initiiert hat. Benedikt erhält seinen Ruf in der »Wüste« der rauhen Abruzzen und wird zum »Vater des Abendlandes«. Franziskus ist nicht denkbar ohne die Einsamkeit der Carceri und des Verna-Berges. Ignatius nicht ohne die

»Wüste« von Manresa, Niklaus von der Flüe nicht ohne die Einsiedelei des Ranft. Und aus der Spiritualität Charles de Foucaulds ist die Sahara nicht fortzudenken.

Bruder Karl ist es auch, der, an die einstimmige Tradition der Kirche anschließend, schreibt: »In die Wüste muß man gehen und darin verweilen, um die Gnade Gottes zu empfangen. Dort wird man leer, weist alles aus sich heraus, was nicht Gott ist, und leert das kleine Haus der Seele völlig, um allen Platz Gott allein zu überlassen... Jeder, der Frucht bringen will, muß notwendig durch diese Zeit gehen. Er braucht dieses Schweigen, diese Sammlung, dieses Vergessen alles Geschaffenen; und in diesem Zustand richtet Gott sein Reich in ihm auf und gestaltet in ihm den innerlichen Geist. Man gibt nur, was man hat. Nur in der Einsamkeit, in einem Leben, wo man mit Gott allein ist, in der tiefen Sammlung der Seele, die alles Geschaffene vergißt, um allein in der Vereinigung mit Gott zu leben, schenkt sich Gott ganz dem, der sich ganz an ihn hält.«

Gisbert Greshake

Die Wüste macht frei. Freier und freier wurden die Seelen, keine kleinen Begierden schränkten sie ein. Sie erfuhren: man konnte in der Wüste nur tun, was man vor Gottes Thron auch getan haben wollte.

Erhart Kästner

Der Glaube der Wüste scheint unaussprechbar in Worten und ist auch nicht in Gedanken zu erfassen. Man unterlag leicht seinem Einfluß; und wer lange genug in der Wüste lebte, um ihrer endlosen Weite und Leere nicht mehr bewußt zu werden, der wurde unweigerlich auf Gott zurückgeworfen als einzige Zuflucht und Rhythmus des Seins.

T.E. Lawrence von Arabien

Gottesbegegnung

Von Gott zu reden ist gefährlich. Die Erinnerung an Gott ist eine gefährliche Erinnerung. Am Besten spricht man das Wort nicht aus, erklärt es für tabu. Noli me tangere! Du sollst mich nicht berühren!

Gottesbegegnung: Das ist ein Kampf in der Nacht und am Tag. Jakobs Kampf mit dem Unbekannten, der sein Gesicht nicht zeigt. Aus diesem Kampf geht niemand ohne Wunde hervor. Man bleibt hinkend zurück, die Wunde bleibt offen, ein Trauma.

Auch in vielen menschlichen Begegnungen erscheint dieses Geheimnis unseres Lebens nur in Umrissen, oft verschlüsselt und voll dunkler Rätsel.

»Jetzt schauen wir in einen Spiegel und sehen nur rätselhafte Umrisse. Dann aber schauen wir von Angesicht zu Angesicht. Jetzt erkenne ich unvollkommen, dann aber werde ich durch und durch erkennen, so wie ich auch durch und durch erkannt worden bin« (1 Korinther 13,12).

Gottesbegegnung geschieht vor allem in der Liebe und im Tod. Zwei Erfahrungen, in denen wir erkennen können, wie wir erkannt worden sind, von Anfang bis Ende.

In der Gottesbegegnung erfährt der Mensch Zwang und Befreiung in einem. Keines ist ohne das andere zu haben. Man kann sich verzweifelt dagegen stemmen, sich auflehnen. Man kann sich aber auch fügen, seine engen Grenzen annehmen. Und etwas daraus machen, dem Unverfügbaren eine Gestalt geben, versuchen, aus ihm einen Sinn zu schaffen. Wenn wir das tun, ist schon viel erreicht. Nicht alles.

In der Geschichte der Menschheit war von Anfang an die Natur ein bevorzugter Raum der Gottesbegegnung. In ihr wiederum herausragende Plätze. Auf Bergen wohnten und wohnen die Götter, sie hausten und hausen in Bäumen und Wäldern, in Tieren und Pflanzen, in Strömen und Bächen, im Meer.

Die Wüste war und ist von jeher ein besonderer Ort der Gottesbegegnung. In ihr erfährt der Mensch sein wirkliches Maß, seinen wirklichen Platz in der Welt. Dort wird er auf den puren Punkt seiner Existenz gebracht.

In der Gottesbegegnung betritt man einen Raum, in dem letztlich Schweigen herrscht. Ein Schweigen, das gut tut, und ein schreckliches Schweigen, in dem alles in eine unendliche Distanz zu uns rückt. Gottesferne. Aber auch sie ist eine Form seiner Nähe, eine Art und Weise seiner Anwesenheit.

Ein Psalm Davids (139) sagt es besser als alle eigenen Worte:

»Herr, du hast mich erforscht, und du kennst mich.
Ob ich sitze oder stehe, du weißt von mir.
Von fern erkennst du meine Gedanken.
Ob ich gehe oder ruhe, es ist dir bekannt;
du bist vertraut mit all' meinen Wegen.
...
Du umschließt mich von allen Seiten
und legst deine Hand auf mich.
...
Würde ich sagen: ›Finsternis soll mich bedecken,
statt Licht soll Nacht mich umgeben‹,
auch Finsternis wäre für dich nicht finster,
die Nacht würde leuchten wie der Tag,
dic Finsternis wäre wie Licht.«

Und ich wurde gewahr, daß sich Gott offenbar an seinem Fernsein ablesen läßt, wenn er sich zurückzieht. Denn für den Seemann ist er der Sinn des Meeres. Und für den Gatten der Sinn der Liebe. Es gibt jedoch Stunden, in denen sich der Seemann fragt: Wozu das Meer? Und der Gatte: Wozu die Liebe? Und sie betätigen sich in der Langeweile. Nichts fehlt ihnen, außer des göttlichen Knotens, der die Dinge verknüpft. Und so fehlt ihnen alles.
Wenn Gott sich von meinem Volke zurückzieht, dachte ich, so wie er sich von mir zurückgezogen hat, werde ich sie zu Ameisen des Ameisenhaufens machen, denn wir werden alle Inbrunst verlieren. Wenn die Würfel ihren Sinn verlieren, ist kein Spiel mehr möglich.

Und ich entdeckte, daß dabei auch der Verstand zu nichts nütze sein wird. Gewiß kannst du über die Anordnung der Steine des Tempels Überlegungen anstellen, aber das Wesentliche wirst du nicht berühren, das den Steinen entgeht. Und du kannst über die Nase, über das Ohr und die Lippen der Statue Überlegungen anstellen, du wirst das Wesentliche nicht berühren, das dem Lehm entging. Es ging darum, Gott einzufangen. Denn man fängt ihn mit Schlingen, die nicht seines Wesens sind.

Antoine de Saint-Exupéry

Wie still die Wüste ist! Schon ist es Nacht, und ich bin allein, mich dürstet. Wieder warten, wo ist die Stadt, dieser Lärm in der Ferne, und vielleicht siegen die Soldaten, nein, das darf nicht sein, sogar wenn die Soldaten siegen, sind sie nicht böse genug, sie werden nicht zu herrschen verstehen, sie werden immer noch sagen, man müsse besser werden, und immer noch schwanken Millionen von Menschen verstört und zerrissen zwischen Böse und Gut...Alles ist zu Ende, mich dürstet, mein Leib brennt, dunklere Nacht füllt meine Augen.

Albert Camus

Eine äußerste Müdigkeit kam über mich. Und es schien mir einfacher, wenn ich mir sagte, daß ich wie von Gott verlassen sei. Denn ich fühlte mich ohne Schlußstein, und nichts fand in mir einen Widerhall. Sie war verstummt, die Stimme, die im Schweigen spricht. Und als ich den höchsten Turm erstiegen hatte, dachte ich: »Wozu diese Sterne?«Und als ich meine Besitzungen mit dem Auge maß, fragte ich mich: »Wozu diese Besitzungen?« Und als eine Klage von der schlafenden Stadt aufstieg, fragte ich mich: »Wozu diese Klage?« Ich war verloren, wie ein Fremder in einer zusammenhanglosen Menge, die nicht seine Sprache spricht. Ich war wie ein Gewand, das der Mensch ausgezogen hat. Abgelegt und allein. Ich glich einem unbewohnten Hause. Und es war eben gerade der Schlußstein, der mir fehlte, denn nichts an mir konnte noch von Nutzen sein. Und doch bin ich der gleiche, sagte ich mir, der die gleichen Dinge weiß, der an den gleichen Erinnerungen teilhat, Zuschauer des gleichen Schauspiels, aber fortan versunken in nutzloser Zusammenhanglosigkeit. So ist auch die Basilika, mag sie noch so herrlich emporgeschossen sein, nur noch eine Summe von Steinen, wenn es niemanden gibt, der sie in ihrer Ganzheit betrachtet, der ihr Schweigen genießt, der daraus in inniger Herzensversenkung ihre wahre Bedeutung erfährt. So stand es mit mir und meiner Weisheit und den Wahrnehmungen meiner Sinne und meinen Erinnerungen. Ich war Summe von Ähren und nicht mehr Garbe. Und ich lernte die Langeweile kennen, die vor allem in der Gottesferne besteht.

Nicht gewaltsam ertötet war das, was den Menschen ausmacht, aber im Keime erstickt. Ich hätte leicht grausam sein können in dieser Langeweile meines Gartens, in der ich mit leeren Schritten dahinging wie einer, der auf jemanden wartet. Und der in einer vorläufigen Welt verharrt. Wohl richtete ich Gebete an Gott, aber es waren keine Gebete mehr, denn sie stiegen nicht von einem Menschen, sondern vom Schattenbild eines Menschen auf, von einer vorgerichteten Kerze, die ohne Flamme war. Oh, daß doch meine Inbrunst in mich zurückkehrte, rief ich. Denn ich wußte, daß die Inbrunst Frucht des göttlichen Knotens ist, der die Dinge verknüpft. Er gleicht einem gesteuerten Schiff. Er gleicht einer geschauten Basilika. Aber könnte je etwas anderes entstehen als ein Durcheinander von Baustoffen, wenn du durch den Baumeister oder den Bildhauer nicht mehr hindurchzuschauen vermagst?

Und ich begriff, daß einer, der das Lächeln der Statue oder die Schönheit der Landschaft oder das Schweigen des Tempels erkennt, Gott findet. Schreitet er doch über den Gegenstand hinaus, um den Lobgesang zu hören, und über die Nacht und die Sterne, um die Ewigkeit zu erfahren. Denn Gott ist vor allem Sinn deiner Sprache, und wenn deine Sprache einen Sinn annimmt, offenbart sie dir Gott.

Antoine de Saint-Exupéry

Meine Araber hatten allen Wohlgerüchen und Üppigkeiten den Rücken gekehrt und sich Dingen zugewandt, an denen Menschenhand keinen Anteil hatte. Der Beduine der Wüste, der in ihr geboren und aufgewachsen ist, hat sich mit ganzer Seele dieser für Außenstehende allzu harten Kargheit hingegeben, aus dem zwar gefühlten, aber nicht bewußt gewordenen Grund, weil er sich in ihr wahrhaft frei findet... In der Armut sieht er keine Tugend an sich; er liebt die kleinen Freuden und Genüsse, Kaffee, frisches Wasser, Frauen, die er sich noch leisten kann. Sein Leben bietet ihm Luft und Wind, Sonne und Licht, freien Raum und eine große Leere. Diese Natur blieb unberührt von Menschenwerk und Gnadenfülle: Nur der Himmel droben und drunten die jungfräuliche Erde. So kam er unbewußt Gott näher. Gott hatte für ihn nichts Menschliches, nichts Faßbares, nichts Moralisches oder Ethisches, nichts, was auf die Welt oder ihn Bezug hatte... Der Beduine vermochte nicht Gott in sich zu suchen; er war zu gewiß, daß er in Gott war. Er konnte nicht fassen, daß Gott irgend etwas war oder nicht war. Nur Er allein war groß; dennoch war etwas Heimisches, etwas Alltägliches um diesen Gott der Natur Arabiens. Er war in ihrer Nahrung, ihren Kämpfen, ihren Begierden, war der allerhäufigste ihrer Gedanken, ihr vertrauter Helfer und Gefährte, in gewisser Weise unvorstellbar für jene, denen Gott so kunstvoll verschleiert ist aus Verzweiflung über ihre fleischliche Unwürdigkeit oder durch die Äußerlichkeiten der formalen Verehrung.

T.E.Lawrence von Arabien

Beim Anblick des Meeres, der Wüste oder einer sternklaren Nacht ist unser Herz manchmal voll unbefriedigter Liebe. Dann tut es gut, daran zu denken, daß wir im Jenseits etwas viel Schöneres, viel Größeres finden werden, etwas, das der Sehnsucht unserer Seele entspricht, etwas, das die unendliche Sehnsucht nach Glück, die unser Leiden, aber auch unsere menschliche Größe ausmacht, endlich stillen kann.

Guy de Larigaudie

Gesegnet seist du, herbe Materie, unfruchtbarer Boden, harter Fels, du, die du nur der Gewalt weichst und uns zwingst zu arbeiten, wenn wir essen wollen.

Gesegnet seist du, gefahrvolle Materie, gewalttätiges Meer, unzähmbare Leidenschaft, du, die du uns verschlingst, wenn wir dich nicht anketten.

Gesegnet seist du, machtvolle Materie, unwiderstehliche Evolution, immer neugeborene Wirklichkeit, du, die du in jedem Augenblick unsere Rahmen sprengst, uns zwingst, die Wahrheit immer weiter zu verfolgen.

Gesegnet seist du, universelle Materie, grenzenlose Dauer, uferloser Äther, dreifacher Abgrund der Sterne, der Atome und der Generationen, du, die du, unsere engen Maße überflutend und auflösend, uns die Dimensionen Gottes offenbarst.

Gesegnet seist du, undurchdringliche Materie, du, die du überall zwischen unsere Seelen und die Welt der Wesenheiten gespannt, uns vor Verlangen schmachten läßt, den nahtlosen Schleier der Phänomene zu durchstoßen.

Gesegnet seist du, tödliche Materie, du, die du uns, eines Tages in uns zerfallend, mit Gewalt in das Herz dessen einführen wirst, was ist.

Ohne dich, Materie, ohne deine Angriffe, ohne dein Herausreißen würden wir träge, stillstehend, kindisch, unwissend um uns selbst und um Gott dahinleben. Du schlägst und du verbindest, du widerstehst und du beugst dich, du stürzest um und du baust auf, du verkettest und du befreist, Saft unserer Seelen, Hand Gottes, Fleisch Christi, Materie, ich segne dich.

Ich segne dich, Materie, und ich grüße dich, nicht so, wie dich die hohen Herren der Wissenschaft und die Tugendprediger verkürzt oder entstellt beschreiben, eine Zusammenhäufung, so sagen sie, brutaler Kräfte oder niedriger Neigungen, sondern so, wie du mir heute erscheinst, in deiner Totalität und in deiner Wahrheit.

Ich grüße dich, unerschöpfliche Fähigkeit des Seins und der Transformation, in der die erwählte Substanz keimt und wächst.

Ich grüße dich, universelle Potenz der Annäherung und Vereinigung,

durch die sich die Menge der Monaden verbindet und in der sie alle auf der Straße des Geistes konvergieren.

Ich grüße dich, harmonische Quelle der Seelen, klarer Kristall, aus dem das Neue Jerusalem gewonnen wird.

Ich grüße dich, mit schöpferischer Kraft geladenes, göttliches Milieu, vom Geist bewegter Ozean, von dem inkarnierten Wort gekneteter und beseelter Ton.

In dem Glauben, deinem unwiderstehlichen Ruf zu gehorchen, stürzen sich die Menschen häufig aus Liebe zu dir in den äußeren Abgrund egoistischen Genießens.

Ein Widerschein täuscht sie, oder ein Echo.

Das sehe ich jetzt.

Um dich, Materie, zu erreichen, müssen wir im Ausgang von einem universellen Kontakt mit allem, was sich hier unten regt, nach und nach spüren, wie zwischen unseren Händen die besonderen Formen von all dem, was wir halten, verschwinden, bis wir nur noch im Ringen mit der einzigen Wesenheit aller Konsistenzen und aller Vereinigungen bleiben.

Wir müssen, wenn wir dich haben wollen, dich im Schmerz sublimieren, nachdem wir dich wollüstig in die Arme genommen haben.

Du herrschest, Materie, in den erhabenen Höhen, wo die Heiligen glauben, dir auszuweichen, so durchsichtiges und so bewegliches Fleisch, daß wir dich nicht mehr von einem Geist unterscheiden.

Trage mich dorthin empor, Materie, durch das Bemühen, die Trennung und den Tod, trage mich dorthin, wo es endlich möglich sein wird, das Universum keusch zu umarmen.

Unten, in der wieder ruhig gewordenen Wüste, weinte jemand: »Mein Vater, mein Vater! Welch irrer Wind hat ihn fortgerissen!«

Und auf dem Boden lag ein Mantel.

Jersey, 8. August 1919
Teilhard de Chardin

Ja, wir müssen die Wüste mitten ins Getriebe der Menschen bringen. So können wir ganz konkret den Menschen von heute helfen.

Es ist ein aktuelles Problem. Man beschäftigt sich nachdrücklich damit. Es liegt in der Luft.

Carlo Carretto

Urvertrauen

Der Unfaßbare,
der Unmeßbare
lockte Abraham
aus seinen
vier Wänden
ins Freie,
ins Ferne.
In der Wüste
entdeckten
beide einander.
Sie spüren,
sie tragen
einander.
Gott und Mensch
wachsen zusammen
zu einer
einzigen Kraft.

Martin Gutl

Quellennachweis

S. 11f Rudolf Otto Wiemer, aus: Ernstfall, J.F. Steinkopf Stuttgart.

S. 15 Italo Calvino, Quelle unbekannt.

S. 19ff aus: Antoine de Saint-Exupéry, Die Stadt in der Wüste © Karl Rauch Verlag Düsseldorf.

S. 23ff aus: Stefan Andres, Die Oase, in: Heinz Piontek, Augenblicke unterwegs, © Heinz Piontek 1973.

S. 30f aus: Antoine de Saint-Exupéry, Wind, Sand und Sterne © 1939 und 1956 Karl Rauch Verlag Düsseldorf.

S. 34ff aus: Erhart Kästner, Zeltbuch von Tumilat. © Insel Verlag Frankfurt am Main 1949.

S. 43 aus: Nachdenken mit Martin Gutl. Texte, Meditationen, Gebete, Verlag Styria, Graz 1983 © Bildungshaus Maria Trost.

S. 44f aus: Erhart Kästner, Zeltbuch von Tumilat. © Insel Verlag Frankfurt am Main 1949.

S. 46 aus: Antoine de Saint-Exupéry, Briefe an seine Mutter © 1956 Karl Rauch Verlag Düsseldorf.

S. 47 aus: Thomas Merton, Vom Sinn der Kontemplation. Aus dem Amerikan. v. Alfred Kuoni. Copyright d. dt. Übers. © 1955, 1981 by Verlags AG Die Arche, Zürich.

S. 48f aus: »Die Wüste bestehen« von Gisbert Greshake, Copyright by Badenia Verlag, Karlsruhe, 1998, S. 51.

S. 50 aus: »Die Wüste bestehen« von Gisbert Greshake, Copyright by Badenia Verlag, Karlsruhe, 1998, S. 13f.

S. 51ff aus: Albert Camus, Hochzeit des Lichts. Heimkehr nach Tipasa. Impressionen am Rande der Wüste. Aus d. Franz. v. Monique Lang. Copyright d. dt. Übers. © 1957, 2000 by Arche Verlag AG, Zürich-Hamburg.

S. 54f aus: Paulo Coelho, Der Alchimist. Aus dem Brasilianischen von Cordula Swoboda Herzog. Copyright © 1997 Diogenes Verlag AG Zürich.

S. 62 aus: Albert Camus, Hochzeit des Lichts. Heimkehr nach Tipasa. Impressionen am Rande der Wüste. Aus d. Franz. v. Monique Lang. Copyright d. dt. Übers. © 1957, 2000 by Arche Verlag AG, Zürich-Hamburg.

S. 63 aus: Carlo Carretto, In deiner Stadt ist deine Wüste. Verlag Herder, Freiburg 9.Auflage 1990.

S. 65f aus: Thomas Merton, Vom Sinn der Kontemplation. Aus dem Amerikan. v. Alfred Kuoni. Copyright d. dt. Übers. © 1955, 1981 by Verlags AG Die Arche, Zürich.

S. 67ff aus: Erhart Kästner, Zeltbuch von Tumilat. © Insel Verlag Frankfurt am Main 1949.

S. 76 gefunden in: T.E. Lawrence, Die sieben Säulen der Weisheit, Paul-List-Verlag, München 1978.

S. 77 gefunden in: P.L. Fermor, Reise in die Stille. Zu Gast in Klöstern. Carl Hanser Verlag, München-Wien 2000.

S. 81 aus: Carlo Carrettto, Unser Weg durch die Wüste © Cittadella Editrice, Assisi.

S. 82f aus: Erhart Kästner, Zeltbuch von Tumilat. © Insel Verlag Frankfurt am Main 1949.

S. 84f aus: Thomas Merton, Meditationen eines Einsiedlers. Über den Sinn von Meditation und Einsamkeit © Benziger Verlag, Düsseldorf / Zürich 4. Auflage 1995.

S. 86ff aus: Antoine de Saint-Exupéry, Die Stadt in der Wüste © Karl Rauch Verlag Düsseldorf.

S. 95f aus: »Die Wüste bestehen« von Gisbert Greshake, Copyright by Badenia Verlag, Karlsruhe, 1998, S. 49ff.

S. 98 aus: Erhart Kästner, Zeltbuch von Tumilat. © Insel Verlag Frankfurt am Main 1949.

S. 99 gefunden in: T.E. Lawrence, Die sieben Säulen der Weisheit, Paul-List-Verlag, München 1978.

S. 106 aus: Antoine de Saint-Exupéry, Die Stadt in der Wüste © Karl Rauch Verlag Düsseldorf.

S. 107 Albert Camus, »Der Abtrünnige oder Ein verwirrter Geist« aus: ders., Jonas oder Der Künstler bei der Arbeit. Gesammelte Erzählungen, deutsch von Guido G. Meister, Copyright © 1996 by Rowohlt Verlag GmbH, Reinbek.

S. 110f aus: Antoine de Saint-Exupéry, Die Stadt in der Wüste © Karl Rauch Verlag Düsseldorf.

S. 113 gefunden in: T.E. Lawrence, Die sieben Säulen der Weisheit, Paul-List-Verlag, München 1978.

S. 115ff aus: Teilhard de Chardin, Werke, © Benziger Verlag, Düsseldorf / Zürich.

S. 119 aus: Carlo Carretto, In deiner Stadt ist deine Wüste. Verlag Herder, Freiburg 9. Auflage 1990.

S. 120 aus: Nachdenken mit Martin Gutl. Texte, Meditationen, Gebete, Verlag Styria, Graz 1983 © Bildungshaus Maria Trost.

Torsten Andreas Hoffmann hat seine Bilder während einer ausgedehnten Reise durch die abwechslungsreiche algerische Sahara im Jahr 2000 fotografiert. Dabei hat er folgende Gebiete bereist: die Sanddünen des »Grand Erg Occidental« mit einer Kamelkarawane, die Oasenstädte Taghit und Timimoun, den »Tassili n' Ajjer« und Tamanrasset mit dem Hoggargebirge und der Einsiedelei von Charles de Foucauld.

Die Deutsche Bibliothek – CIP-Einheitsaufnahme
Ein Titeldatensatz für diese Publikation ist bei
Der Deutschen Bibliothek erhältlich.

1 2 3 4 5   05 04 03 02 01

Ein Unternehmen der Verlagsgruppe Dornier
Postfach 80 06 69, 70506 Stuttgart, Tel: 0711/78 80 30
Sie erreichen uns rund um die Uhr unter www.kreuzverlag.de
Umschlaggestaltung: Atelier Reichert, Stuttgart
Druck und Bindung: Westermann Druck Zwickau

ISBN 3 7831 2008 X